新民说

成为更好的人

马尔克斯与他的百年孤独

（修订版）

杨照 著

GUANGXI NORMAL UNIVERSITY PRESS
广西师范大学出版社
·桂林·

马尔克斯与他的百年孤独（修订版）
MAERKESI YU TA DE BAINIANGUDU XIUDINGBAN

图书在版编目（CIP）数据

马尔克斯与他的百年孤独：修订版 / 杨照著. —
桂林：广西师范大学出版社，2019.12（2025.2 重印）
ISBN 978-7-5598-2228-4

Ⅰ. ①马… Ⅱ. ①杨… Ⅲ. ①马尔克斯（Garcia
Marquez, Gabriel 1928-2014）—生平事迹②马尔克斯
（Garcia Marquez, Gabriel 1928-2014）—小说研究
Ⅳ. ①K837.755.6②I775.065

中国版本图书馆 CIP 数据核字（2019）第 225322 号

广西师范大学出版社出版发行

（广西桂林市五里店路 9 号　邮政编码：541004）

网址：http://www.bbtpress.com

出版人：黄轩庄

全国新华书店经销

广西民族印刷包装集团有限公司印刷

（南宁市高新区高新三路 1 号　邮政编码：530007）

开本：787 mm × 1 092 mm　1/32

印张：5.375　　　字数：84 千字

2019 年 12 月第 1 版　　2025 年 2 月第 2 次印刷

定价：35.00 元

如发现印装质量问题，影响阅读，请与出版社发行部门联系调换。

世界新生伊始，许多事物还没有名字，提到的时候尚需用手指指点点。

——《百年孤独》

1.

谈加西亚·马尔克斯，可以从一九四八年四月在哥伦比亚首都波哥大举行的第九届泛美会议讲起。

什么是泛美会议？那是北美洲与南美洲的国家共同召开的高峰会议。泛美会议的龙头，是全美洲最强大的国家——美国，它借由这个会议来领导、支配拉丁美洲国家配合美国的外交布局。

一九四八年，是第二次世界大战结束后的第三年，这场泛美会议的主角，理所当然是美国派来的代表——马歇尔将军。马歇尔这个名字几乎就等于"战后重建"，美国帮助欧洲从战火破坏中重建的关键工作，就叫"马歇尔计划"（Marshall Plan）。曾经担任过将军的马歇尔，在战后成了美国最重要的外交官。

马歇尔带领美国代表团来到波哥大，主导泛美会议，谈战后拉丁美洲的经济再造。战争并没有在美洲大陆上进行，而且拉丁美洲大概是在第二次世界大战中最少被动员、被影响的区域，尽管如此，它还是无法自外于大战造成的全球政经势力巨大的挪移变化。

短短三十年间，欧洲，尤其是西欧，受到两次大战的无情蹂躏、摧残，无从继续维持传统西方盟主的地位。美国与苏联相应崛起，取欧洲而代之，占据了世界的主导地位。

拉丁美洲长期以来，有多重身份认同的困扰：一方面有对旧殖民主西班牙、葡萄牙的认同，另一方面当然也就有对反对旧殖民主、主张高度本土中心的认同。不过这种本土认同，只要稍微升高一点，强调"美洲本位"的话，马上就又碰触到另一个敏感的议题，那就是如何看待北方的邻居——那个强大且霸道的美国。

美国是不会允许拉丁美洲国家搞自己的团结认同而将它排除在外的。早在一八二三年美国采取的"门罗主义"立场就表明：美洲可以且应该寻求外于欧洲，甚至对抗欧洲的认同，可以且应该团结起来抵抗欧洲的影响、剥削，但必须在以美国为中心的前提下进行。

对拉丁美洲国家来说，这不是真正的自主解放，而是一个新的老大哥，取代了旧的老大哥。很自然地，它们会依违在新旧老大哥之间，寻求最大的利益与安全保护。有时候它们拉拢美国对抗欧洲，但要是美国老大哥给的压力太大，它们也会回头找旧欧洲势力来抗衡美国。

不过到了一九四八年，这种长期维持的状况彻底改变了。到此时，别说旧殖民主西班牙、葡萄牙，就连传统上更强大的英国、法国，现在都只能乞怜于美国的经济援助，没有任何力气可以顾得到拉丁美洲，更没有任何可能为了拉丁美洲甘冒得罪美国的危险。因此，拉丁美洲国家要不完全臣服于美国霸权之下，只剩下一个选择——那就是拉拢苏联。一九四八年的泛美会议，美国有备而来，同时也就是要用经济援助、合作计划绑住拉丁美洲国家，确保美国后院不会有让苏联插手的空间。

在新的冷战情势下，美苏对立逐渐形成了。美国极度看重泛美会议，当然拉丁美洲国家内部的反美势力，也必定相应将泛美会议视为关键决战点。反美势力集结的主要方式，是冲着第九届泛美会议，在同一时间召开了拉丁美洲学生大会。来参加学生大会的，包括后来古巴的革命领袖、领导古巴几十年的菲德尔·卡斯特罗。

卡斯特罗在四月初抵达波哥大，陆续见了哥伦比亚当地的重要左翼政治人物，并约好四月九日下午一点二十分，要带一群古巴学生去拜访哥伦比亚自由党党魁豪尔赫·盖坦。然而就在四月九号下午一点零五分，约定会议十五分钟前，盖坦吃过午餐，要走回办公室接见卡斯特罗与古巴学生，在路上竟然遇刺。卡斯特罗到达自由党办公室时，盖坦这位哥伦比亚反对党领袖——照后来的调查报告说法——被一个精神病院跑出来的疯子，持枪近身射杀了！

这事非同小可。今天我们觉得卡斯特罗是个重要的历史人物，不过在一九四八年，盖坦比卡斯特罗的名号响亮得多。哥伦比亚预定在一九五〇年进行总统大选，一九四八年时，大部分关心哥伦比亚政情的人，都预测盖坦会在两年后的大选中胜出。一个被看好会是哥伦比亚下任总统的人，突然当街被杀，这事能不严重吗？

2.

看一下地图，哥伦比亚在南美洲的西北边，其领土依照不同地形分成两大块——波哥大所在的山区以及加勒比海沿岸区域。哥伦比亚在殖民统治下的发展，是从加勒比海沿岸开始的，早先的西班牙人、后来的美国人，在沿岸铺了铁路，目的在于串连这地区的大型香蕉园，而不是着眼于当地哥伦比亚人的交通与生计。

巨大的香蕉园是哥伦比亚在殖民经济下最重要的收入来源，但收入的主要部分，不是给了哥伦比亚人、哥伦比亚农民，而是进了美国及欧洲殖民者的口袋里。沿着加勒比海的这些香蕉园区，象征了殖民统治带来的严重伤害。香蕉生产是由美国公司严格控制的。

控制机制的一环是利用火车将所有的大香蕉园串连起来。火车在哥伦比亚人心目中的意义和我们一般的理解想象是大不相同的。我们说起火车，想到的多半是人坐的车厢。然而在哥伦比亚，火车主要不是给人坐的。如果一天有四十班火车，其中大概有三十八班是载东西的，而三十八班车里可能有三十班都是载香蕉的。这样我们才能理解在《百年孤独》里，加西亚·马尔克斯为什么会写出永远走不完的、一节又一节的货车车厢从面前经过的鬼魅意象。

加勒比海沿岸大部分的居民都是香蕉公司的雇员，他们为香蕉公司工作，换来的不是钞票薪水，而是只能够在几个特定商店使用的代券。在这些特定的商店里，可以找到一般日常生活里所需要的物品。商店当然是与香蕉公司有关系的殖民者开的，甚至就是香蕉公司的"关系企业"。那是一套严密的殖民控制，将种香蕉劳力换得的收入，以垄断日用品贩售的方式再剥削一次。

严密的控制、层层的剥削，加上殖民者的傲慢风格，累积的因素终于在一九二八年十二月六日激发了一场大罢工。罢工的规模不断扩大，到后来几乎整个加勒比海沿海区域的香蕉园都加入了。大罢工最后却是政府动用军队进来收拾的，换句话说，政府动用国家暴力来帮助美国的殖民公司镇压、屠杀哥伦比亚的农民。

被称为"香蕉大屠杀"的事件终结了大罢工，然而却没有人知道、没有确切数字显示究竟有多少工人死于"大屠杀"中。事件的官方报告跟民众的常识认知南辕北辙，官方报告说事件中一共死了九个人。如果只牵涉区区九条人命，那根本就构成不了"大屠杀"。当地流传的说法是，大概有两三千人在罢工后就消失了。

一九四八年四月九日遇刺的盖坦，在政界崛起的关键，就在于他率先突破禁忌，于一九二九年年底，深入加勒比海"香蕉大屠杀"区域，一个一个访问当地的人，试图拼凑出"香蕉大屠杀"的真相。他耐心地进行地毯式的访谈，那样的用意与姿态，感动了当地许多仍旧惊魂未定的人。他们看到这样一个年轻人，不顾自己的前途，甚至不顾生命安危，坚持不断地问：到底"大屠杀"那天发生了什么事？加勒比海沿岸地区的人对盖坦留下了深刻印象，借由他们的强力支持，盖坦一步步在政坛上升，经过十几二十年的时间，他当上了自由党党魁，并且很可能在一九五〇年当选总统。

盖坦的政治轨迹，有清楚的方向。他以调查国家暴力与美国殖民公司的勾结起家，他依赖在"香蕉大屠杀"中被屠杀、被伤害的加勒比海沿岸的居民获得权力。在这种情况下，有人喜欢他，更有人痛恨他。因而四月九日下午一点零五分刺杀事件发生后，波哥大全城立刻流言满天飞，认为应该是盖坦的政敌指使的。

盖坦被杀的消息引发了波哥大城市暴动事件。许多人愤怒地上街头为盖坦举哀，同时抗议长年和美国殖民公司眉来眼去的买办势力。他们相信，正因为盖坦若当选总统，必然会阻挡、破坏这些势力，所以那些人为了维护既得利益，就提早下手杀了盖坦。

从下午到晚上，暴动中的波哥大城内有好几条街陷入火海，一片混乱。目睹暴动的卡斯特罗也加入了，据说他主要的成就是抢到一台打字机，痛快地把它砸毁了。暴动前后持续了三天，不过从第二天下午开始，有风声传出，说这一切是源自古巴共产主义者的煽动，显然哥伦比亚政府要拿卡斯特罗他们来做这事件的代罪羔羊。机灵的卡斯特罗看苗头不对，赶紧逃往古巴大使馆，由大使馆偷偷将他们一伙人送回古巴。如果卡斯特罗的反应慢一点，大概就没有后来由他所领导的古巴革命了。

四月九日下午三四点钟，离盖坦遇刺被杀地点大约五百米外，整个区域在暴动中起火了。有一个年轻人，一个波哥大大学法律系的学生，在街上惶惶然地奔跑，遇到了一位朋友，他对着朋友喃喃念着："我完了我完了我完了。"朋友很意外，问他："你什么时候变成激情的盖坦拥护者？"他回答："不是的，是因为我的小说稿都被烧掉了。"

这个痛惜小说稿被烧掉的人，就是加西亚·马尔克斯。他会伤心，不是没道理的。一九四八年他刚满二十一岁，刚在波哥大的文坛崛起。他在《观察家报》上，连续发表了三篇短篇小说，引起了注意。受到鼓励，他狂热地撰写新的小说，这些创作中的手稿，竟然都在"波哥大事件"中被毁掉了。

"波哥大事件"对加西亚·马尔克斯还有更深远的影响。事件及其延续的混乱，使得这个来自加勒比海沿岸地区的年轻家伙，没办法继续待在波哥大，被迫回到海边去。

3.

一九四八年四月九号的"波哥大事件"发生在哥伦比亚,然而大部分的历史叙述讲起这件事,都一定会谈卡斯特罗,甚至从卡斯特罗谈起。卡斯特罗不是哥伦比亚人,他是一个古巴学生,跑到波哥大来参加拉丁美洲学生大会。

这件事情表明:"拉丁美洲"不是一个地理名词,而是拥有远超过地理意义的丰富内涵的文化单位。古巴人会跑到哥伦比亚去参与革命,因为对他们而言,"拉丁美洲"具有一种超越个别国家的统一性,来自殖民历史与语言的统一性。拉丁美洲除巴西使用葡萄牙语外,其他地方都属西班牙语区,而且葡萄牙语跟西班牙语之间也有许多类似之处,很容易沟通。共通的语言使得拉丁美洲知识分子可以彼此了解,进而互相帮助,建立认同。

不过拉丁美洲在文化统一性的基础上,同时有着严重分裂的政治局面。例如哥伦比亚是在一八一九年独立的,其历史大概从一八一〇年开始,就是一连串仿佛怎么也打不完的战争。先是反抗殖民者的战争,好不容易打完了,赢得独立,紧接着就开始内战。甚至反抗殖民者的战争还没打赢,一边在和殖民者抗争,一边被殖民者之间就已经分裂，彼此敌对内战了。

延续超过一百年的内战中，有各式各样势力的变动、流窜，有合纵连横，有欺瞒背叛。在大部分时间里，谁跟谁是敌人，谁跟谁是同志，都是暧昧混沌的，以至于传统线性的历史整理——哪一年什么战役谁输谁赢、谁掌握了什么地区、谁又失去了什么权力——几乎不可能。

曾经试图整理哥伦比亚历史的人，会对加西亚·马尔克斯运用的"魔幻写实"手法，产生不同的体会。没有其他方法去讲述内战到底是怎么打的。现实/写实的、历史叙述式的条理在此瓦解，不再是我们可以依赖的知识形式。任何的整理都必然会偏离真相中的荒谬混乱。

《百年孤独》书中的主角布恩迪亚上校，其原型来自哥伦比亚历史上的一位真实人物——乌里韦·乌里韦将军。在小说开场的时间点上，真实的乌里韦·乌里韦将军回到自己的家乡，他已经经历了四十场内战。不是四十场战役，而是一次又一次，各种不同势力换来换去，一下这个打那个，一下换成那个打这个，停了又打，打了又停，经历了四十次。你可以想见这样的人对于整个国家，尤其对于战争会产生何等虚无、空洞及厌恶的感受。不只哥伦比亚如此，整个拉丁美洲都如此。各式各样的利益、各式各样的合纵连横，随时都可能爆发新的战争。

而且不只哥伦比亚，大部分拉丁美洲社会都保留了强烈的家族传统，你是谁的儿子，又是谁的爸爸，都是极其重要的事。中文世界里我们一般用"马尔克斯"当作这位伟大小说家的名字，但事实上，在他自己的语言文化中，他的姓不是"马尔克斯"，而是"加西亚·马尔克斯"。这个姓带着清楚的系谱意义，表明了他是谁的儿子，每个人都将家族系谱附在自己的名字上。

具备强大家族传统的社会打起内战来，就会无可避免地形成家族与家族间的对抗。然而，家族网络盘根错节，追究下去，没有哪两个家族是真正没连结的，到后来一定出现亲戚打亲戚的情况。表兄弟和叔叔伯伯打仗，使得战争中更增添了亲族的恩怨与混乱，这构成了拉丁美洲近代史另一项特殊的共同记忆。

因为有共同语言，阿根廷的布宜诺斯艾利斯就成了整个拉丁美洲的文化出版中心。不同国籍的作家，如智利的聂鲁达、哥伦比亚的加西亚·马尔克斯、秘鲁的略萨等，他们的书都会在布宜诺斯艾利斯出版。这部分的拉丁美洲有着跨越国界的整全性，但分开看，这些人的祖国，没有一个内部是团结的，都被各种势力、各种利益切割得零零碎碎，表现了国界内的分裂面貌。

这些人的祖国都出现过独裁者。独裁者是怎么产生的？为什么拉丁美洲有那么多独裁者？为什么拉丁美洲的独裁者，前面一个被推翻了，很快后面就会再出现第二个？其中最重要的历史原因——我们不容易感受，却应该努力去理解——就是人民对于内战的厌烦。

让我们简单想象一下，两股势力打仗，长期打，打了十五年，正因为打了那么久，就很难停止不打了。谁也消灭不了谁，而且彼此都很了解对方，双方僵持着，你稍微动一下，我就条件反射地打你一巴掌，然后你就也条件反射地回我一巴掌，成了习惯，成了固定模式，止息不了。怎么办？这两股势力本身也都受不了了，就彼此妥协。这时必须找一个双方都能信任接受的人，作为仲裁者，作为中介保证。这个人保证双方信守划定的界线，你不会偷袭，我也不会拉你们的人倒戈。

独裁者就是从仲裁的角色衍生出来的。许多拉丁美洲的独裁者，源自仲裁的权力不断扩张。仲裁者发现——进而说服了两边疲于战争的人民——保有和平最好的方式，是让国家只有一股绝对独大的势力，那样就不需要、不会打仗了。独裁者的绝对权力，来自与人民的"魔鬼交易"，人民交出自由，换取秩序与和平。独裁者有在那个社会历史背景下存在的道理，无止境的混乱内战使得这么多人渴望和平、休息，愿意为了和平，奉献自由，放弃自由。

4.

加西亚·马尔克斯出身于加勒比海地区。"香蕉大屠杀"事件后，当盖坦去进行调查，他遇到的一位重要调查对象，就是加西亚·马尔克斯的外祖父。加西亚·马尔克斯和外祖父的关系，远比我们一般能想象的亲密得多。

在自传《活着为了讲述》中，加西亚·马尔克斯开头就讲了，他第一次见到妈妈，是三岁时，三岁才认识自己的妈妈。那他又在什么时候认识他爸爸呢？那是七岁零九个月，他生命中第一次见到爸爸。

加西亚·马尔克斯小时候父母不在身边，是在外公外婆家长大的。他的外祖父是经历长期内战后退下来的老兵，一生的大部分时间属于政府军，为政府军打了很多年的仗。他见识经历过太多的战争，以至于养成了一种习惯，总是用战争与死亡来看待、标记自己的生命。讲到自己，他会说：十二岁，有一场什么样的战争；十九岁时，又有一场什么样的战争；二十岁零三个月，第一次看到谁在他身边死掉；二十五岁零两个月时，在一场战役中周围的人都战死了，只留他一个人如何不可思议地幸存下来。对像加西亚·马尔克斯的外祖父这种人来说，标记时间、标记生命最重要的尺度，就是战争，就是死亡。

那么生命中没有了战争，会变成怎样？就变成了时间的停滞、无穷无尽的等待。当年他们在为政府打仗时，得到过来自政府的许诺——等他们退役后，会提供他们丰厚的退休金。那就是他们等待的对象。外祖父的老房子加上庄园，脱手卖了七千哥币，后来他们拿这笔钱搬到附近的大城，盖了一栋房子。加西亚·马尔克斯被哥伦比亚第二大报《观察家报》派去巴黎时，他一个月的薪水是五百块钱。而政府承诺要给他外祖父的退休金，是一万九千块钱。这样我们可以具体理解这是笔大钱。政府以这笔大钱为承诺，笼络他们卖命，但也正因为承诺的数额庞大，所以政府根本付不出来，甚至根本没打算付。

加西亚·马尔克斯的名作之一，是小说《没有人给他写信的上校》。小说里的退役上校每个星期都去问：有没有信来？他所等的，就是通知他去领退休金的信。我们可以这样说：加西亚·马尔克斯的外祖父，他的生命明确分为两种时间，前一种是以各式各样的战争与死亡为标记的，后一种则是近乎停滞，被关锁在对退休金的漫长等待中。

有意思的是，加西亚·马尔克斯的外祖母，有着和外祖父完全不一样的时间感。小时候，加西亚·马尔克斯住在加勒比海沿岸的大房子里，同所有的小男孩一样，他很好动，爱乱跑，外祖母管他，叫他乖乖待在一个地方，他怎么可能听话？于是外祖母就会说："你现在坐在这里不要动，千万不可以去那边，你如果去那边的话，会吵到你姨婆。"要不然就说："你不能去那边，去那边会吵到你的大表哥。"这些人是谁？他们都是已经死了的人。外祖母不让他乱跑，理由是：活人不可以扰动死人。对外祖母来说，屋子里不只有活人，还有更多幽灵。

如果小加西亚·马尔克斯跌了一跤，外祖母就会说："你看，不乖又被姨婆推了一把了吧？刚刚有没有看到姨婆啊？啊？我好像看到了。"走在街上，外祖母会指着空荡荡的街道对他说："这条街你不能够乱跑，因为街上太拥挤了，你不晓得什么时候会碰到哪个死掉的人，跟人家走到什么奇怪的地方去。"因为这样，原本顽皮的加西亚·马尔克斯变乖了，哪里都不敢乱去。

我们无法追究，这到底是外祖母带小孩的一种策略，还是她真的相信、真的感觉到那些幽灵？大概两种成分都有吧。不论原因是什么，这样的环境在一个小孩，尤其是一个想象力丰富的小孩心中，留下深刻、无法磨灭的印象。他活在一个充满幽灵的空间里，而且那些幽灵可不是恐怖片里的贞子，他们是有身份的，都是和他有关系的人，都是死掉了的亲人。那是空间中曾经活过的人的延续，不是莫名其妙外来的鬼。这是阿公的阿公，那是舅婆或阿公，都是和他有具体明确关系的。

这样的环境，背后必定有连带的信念——人不会真正死掉，或者说，人不会真正消失。人死了，不过是换成另外一种存在，而且随时可能会被唤醒，会被吵到。加西亚·马尔克斯小时候，就因而产生困惑。被某个姨婆推了一把跌倒了，他忍不住想：这个已经死了的姨婆，她变成了幽灵，那这个幽灵还会不会再死掉？如果幽灵死了，死掉的幽灵又会变成什么？死掉的幽灵会变成二度幽灵吗？那二度幽灵还会不会再死掉？

《百年孤独》就是建立在两种异质交错的时间意识上。一种是外祖父的时间，以死亡与永远等不到的东西标记出来的线性时间；另一种则是外祖母的时间，一种奇特幽灵存在的轮回。死掉的人变成了幽灵，幽灵再死掉，变成另外一度的幽灵，再死掉的幽灵变成……当你不相信人真的会死掉，你也就不可能相信幽灵会消失，对不对？人死了都还在，那幽灵为什么要消失，凭什么幽灵会消失？所以它就变成一种永恒存在，但是既然永恒存在而死亡又必然卡在那里，于是就只能是循环的存在形式。加西亚·马尔克斯在小说里，不断试探着这两种时间彼此的关系。

哥伦比亚的历史，以外祖父的记忆定位下来，那是一场接一场的战争。一场战争带领到下一场战争，而一旦不打仗了，取而代之的则是无穷无尽的等待。等待使得时间不循环，要等的东西没有来，就只能一直等下去。等待必须依恃会向前流动的时间，但等不到要等的，真实存在的感觉却又是停滞不动的。人在停滞中逐渐地变老、衰颓。

这本经典小说书名叫作《百年孤独》，一百年的长时间跨度，当然牵涉到历史。小说也真的碰触处理了哥伦比亚一个世纪间发生的事，不过这绝对不是一部单纯的历史小说。除"百年"之外，小说还要写且更要写"孤独"。小说中表达"孤独"主题时最常用的手法，就是铺陈一种循环的时间感。事情一再地重现，换一个面貌再来一次，又来一次，不断循环，不断绕回原点。

每一件事情的叙述，几乎都是以布恩迪亚上校回想面对行刑队的情景为开端的。小说中他一而再、再而三地面对行刑队，面对死亡的临界，到后来好像连那个临界划分，都在反复中变得模糊了，他活着，但同时他也死过很多很多次。

　　原本现实存在中绝对不可能重复的事——死亡，一个人只能死一次，死过一次就是完全、绝对地死了——在加西亚·马尔克斯的小说里面，却会一再重现，重新经验。而且不只是布恩迪亚上校，《百年孤独》里面有好多死了不止一次的角色。

　　如果加上《百年孤独》以外加西亚·马尔克斯的其他小说，那么反复死亡的现象就更多了。例如他最早的短篇小说就写过没有办法死透的人。肉体已经死了，精神却不肯死，所以他很清楚感觉到自己被活埋，活埋也不会让他死掉，因为他原本就死了啊。接着他又很清楚地感觉到自己的身体在腐败，被身体腐败的气味弄得受不了，想要逃走，但逃不掉，都已经下葬的人能逃到哪里去。

　　后来在《枯枝败叶》里又有死了但是不能下葬的人，没办法将这个死人下葬，给周遭的活人带来了各式各样的困扰。读过这部小说的一位朋友，就劝加西亚·马尔克斯去读古希腊的悲剧作家索福克勒斯的名作《安提戈涅》。那部戏的主轴就是安提戈涅决定违背禁令去为亲生兄弟收尸安葬。那是加西亚·马尔克斯接触古希腊悲剧的重要契机。

5.

我们一般认为死亡就是生命的结束，也就是生命故事的结束。然而对于受到外祖母强烈影响的加西亚·马尔克斯来说，死亡往往是另一个生命故事的开始。这样一个由外祖母带大的小孩，他生命里面还有另一种特殊的东西——那就是外祖母众多迷信构成的世界观。

外祖母相信，在空间里面有各式各样的阴魂。小孩子躺着的时候，如果门前有出殡的队伍经过，要赶快叫小孩坐起来，以免小孩跟着门口的死人一起去了。要特别注意，不能让黑色的蝴蝶飞进家里，那样的话家里将会死人。如果飞来了金龟子，表示有客人来。不要让盐撒在地上，那样会带来厄运。如果听到"kingkingkongkong"的怪声，一种从来没有听过的声响，那就是巫婆进到家里了。如果闻到像温泉般的硫磺味，就是附近有妖怪。

这些是加西亚·马尔克斯小时候生活教育的重要内容。他受的是加勒比海沿岸区而不是波哥大都会的教育，而且是那个地区一个没有经过西化理性冲击的老太太所给予的教育。她教的，是典型、传统的拉丁美洲世界观。这套世界观中，众多事物尚未经过理性处理分类，尤其是还没有分别出什么是合理的，什么是不合理的。那里残留着世界还没有被分化开来的一种概念、一种气氛，活人与死人没有绝对的界划，活人随时会变死人，死人会变成幽灵，而幽灵一直处在活人之中。这中间没有绝对的界线，那是一个连续而非断裂区隔的世界，那个世界没有必然不会存在的东西。

理性带来最大的影响是：训练我们相信什么东西一定不会发生。十八世纪启蒙运动之后，西方的理性为什么逐步席卷了全世界？可能有人会回答：因为理性是对的，由理性产生的科学，比其他传统社会原本所相信的——例如巫术、宗教、神启等——都要来得灵验。

我们当然可以接受这样的解释。不过人类学家斯坦利·坦比亚（Stanley Tambiah）在他的名著《魔术、科学、宗教与理性的范围》中，提过另一种不同的解释。简单说，理性最大的诱惑，在于它能够提供其他知识形式、其他宗教信仰都无法提供的、最稳固的安全感——理性将许多事情清楚地排除出去，清楚主张那些事是不合理的，一定不会发生，所以人们连想都不必去想。

理性是什么？理性有着强烈的、近乎绝对的排除法则。有一天你按照理性了解了为什么二加二等于四，那么从那一天起，你就不必担心在什么状况下，二加二会突然等于五。那是不可能的。有一天你按照理性规则懂得了地心引力，从那一天起你就不必担心身边的东西，会突然飞到天空中消失，没有东西会往上飞，所有的东西都只能往下掉。

理性及其衍生的科学知识，帮我们排除了很多再也不需要去考虑的事。理性愈发达，我们的世界也就愈来愈小，面对这个世界需要做的准备也就愈来愈简单。我们活得愈来愈方便，愈来愈安全。不过当然相对地，这世界也变得愈来愈无聊。很多事情在还没有发生之前，我们就已经排除了它们发生的可能性。这也就是韦伯所说的现代社会"除魅化"的意义。没有什么现象、什么观念可以再魅惑我们了。

拉丁美洲的小说如此好看，恐怕很大程度上必须感谢加西亚·马尔克斯的外祖母。她给童年的加西亚·马尔克斯提供了如此广大的、未曾经历现代"除魅化"的、丰富且混乱的世界图像。

加西亚·马尔克斯从外祖母那里承袭下来的世界，里面有很多很多规则，但这些规则都不是铁律，不是颠扑不破的。非理性或者该说前理性的世界中，最有趣的现象正是——所有的预言都是对的。怎么可能所有的预言都是对的？因为当现实没有依照预言发生时，人们总能够找到或发明另外一套规则来解释为什么该发生的没有发生。

例如说走在路上，我看到一片叶子以奇特的方式旋转落下。啊，这意味着明天有钱会进来，刚好有一个家伙欠我钱，于是我有充分理由预知明天他会还钱。到了第二天，他没有还。所以预言失灵、预兆错误了吧？不见得，因为我会想起来，还有一条规则，是关于日出时间的。如果那天日出时间早于五点半，那么原来会有的财运都要打折扣。查查日出时间，唉，果然早于五点半。

那个世界有各式各样的规则，管辖应该要发生的事。这些规则是平行并列的，东一条西一条，没有整合，也无法整合。因而全部规则加在一起，仍然无法告诉你什么事一定发生，什么事绝对不会。童年的加西亚·马尔克斯就活在这样的一个世界里，所有被拿来解释因果的规则，彼此都是平等的。

理性发达之后，科学就取得了高度的权威先行性，科学有比其他信念更高的地位，帮我们解释各种现象。科学以外的解释，就只能运用于科学无法充分解释的范围。然而在一个还未形成科学权威的世界，有着五花八门的道理，竞相提供着对事物现象的解释。每种解释听起来都蛮有道理的，都和现实经验有一定的对应，但也都有点怪怪的，无法和现实经验完全密合。因而在那个世界里，一旦有新鲜的现象冒出来，就会刺激高度的骚动。那样的新鲜事物是真正的新鲜，那样的兴奋是真正的兴奋，不只是这项事物我们没看过，而且它背后的道理我们也没想过。更重要的是，任何新鲜事物加进这个世界里，这个世界都要因此改变其解释架构。

加西亚·马尔克斯的回忆和小说中，都出现过这样的情景——一场巨大的蝗灾过去了，村民们为了让自己从巨大的灾难中苏醒过来，就办了一场狂欢节。附近村镇的人都来参加，狂欢节中最引人注意的，是吉卜赛人。不晓得从哪里得知消息的吉卜赛人带着各式各样的东西出现了。

吉卜赛人卖一种"马古阿鸟粉"，那是专门对付不顺从的女人的，如果家里的女人不听话，很凶很坏，就把这个"马古阿鸟粉"带回家去。吉卜赛人卖一种看上去像果子般的东西，卖的人说那是"野鹿眼"，抓到野生的鹿，把它的眼睛摘下来可以用来止血。吉卜赛人卖四瓣干切柠檬，说是可以用来逃避妖术。吉卜赛人卖"圣波洛尼亚大牙"，那是一种看起来像牙齿的东西，其特殊的、明确的用途，是帮助人掷骰子时掷出较好的点数。吉卜赛人卖风干的狐狸骸骨，记得种田时要带着，可以帮助农作物成长。如果你要去跟人家打架，或者是去参加摔角，吉卜赛人会卖你另外一种东西——贴在十字架上的死婴。晚上走路时，想要避免碰到不认识的幽灵，那你就应该跟吉卜赛人买蝙蝠血。

吉卜赛人带来各式各样稀奇古怪的东西，总体来说，他们在狂欢节上真正卖的是藏在所有这些平常看不到碰不到的物件背后的、一种对世界的解释。解释世界当中的特殊因果，什么样的东西会制造什么，什么样的因会产生什么样的果。真正吸引人的，是那些不寻常的因果环节。我们今天听到这样的事，很容易以"迷信"一笔带过，或者对这些江湖郎中、江湖术士嗤之以鼻。然而江湖郎中、江湖术士在那样的社会里绝对是重要的，他们在不断提供、发明关于世界的种种解释。

当然有些人在解释世界方面，拥有比郎中、术士高一点的权威。例如神父，神父说这个世界是由天主造的，是天主管辖的。然而在加西亚·马尔克斯成长的环境里，在拉丁美洲的天主教传统中，甚至连神父、传教士用来说服人们相信其解释时的手法，都沾染了浓厚的江湖郎中、江湖术士的色彩。他们用来说服一般人相信天主的手段，不是读《圣经》，不是做弥撒，更不可能是教义问答。要让所有人相信天主，最重要的方式就是展示奇迹。拉丁美洲的天主教会极度强调奇迹的重要性，教会中的神父因而也就具备了许多创造奇迹的本事。

　　拉丁美洲的狂欢节中，走在最前面的通常是十字架。跟在十字架后面的，是可以当场表演奇迹的神父。他们可以在众人面前让自己腾空飞起。"来，告诉我有谁敢不相信天主吗？不相信天主的，请看这里，眼睛不要转啊，小朋友，你敢不相信天主？那就看着啊，我飞给你看！"这简直就和路边的魔术师没有两样。加西亚·马尔克斯小时候就曾被这样表演奇迹的神父吓到过。

　　外祖母认为小加西亚·马尔克斯不够笃信天主，就带他去找一个神父。那个神父对小男孩说："眼睛瞪着我，看着我，不要动，看着我的脚。"然后他的脚就离地，人飞起来。目睹这一幕后，加西亚·马尔克斯从此害怕天主，怕得不得了。每一个神父都有自己的把戏，有各种不同的玩法。例如要人先盯着十字架看，然后呢，闭上眼睛，再马上将眼睛张开，就看到原本干干净净的十字架上，突然有一道血流淌下来。

在某种程度上，神父和吉卜赛人是同一种人。他们都是用"壮观的表演"（spectacular performance）说服大家接受他们对这个世界的解释，接受他们解释世界的权力。这样的做法，过去曾经普遍存在于人类社会，然而奇异的是，到了二十世纪，当理性已经如此巨大，已经战胜、征服了那么多地方，竟然还有如此素朴的现象存留着，管辖着众多人口的生活样态。

6.

了解这个背景，我们就能充分理解，为什么《百年孤独》会如此开头：

多年以后，面对行刑队，奥里雷亚诺·布恩迪亚上校将会回想起父亲带他去见识冰块的那个遥远的下午。[1]

接下来，最重要的这段话说：

　　那时的马孔多是一个二十户人家的村落，泥巴和芦苇盖成的屋子沿河岸排开，湍急的河水清澈见底，河床里卵石洁白光滑宛如史前巨蛋。世界新生伊始，许多事物还没有名字，提到的时候尚需用手指指点点。每年三月前后，一家衣衫褴褛的吉卜赛人都会来到村边扎下帐篷，击鼓鸣笛，在喧闹欢腾中介绍新近的发明。

吉卜赛人带来的两大块磁铁好玩得不得了，老布恩迪亚看到那大磁铁，冒出了念头，想要用它们把地里的黄金吸上来。结果没能吸出黄金，他又拿磁铁去换了别的东西。
《百年孤独》要写的，是回归到理性横扫全球之前的一种状态，一种还没有完全被理性整理解释的状态。加西

1　本书中的《百年孤独》段落，均引自范晔译文。

亚·马尔克斯要去逼视并描述那样的状态。这是一项英勇的尝试，因为难度极高。比较容易的当然是接受已有的解释，别人给我们且已经有很多人相信、接受的解释。加西亚·马尔克斯不走这样容易的路，他要用文字带读者回到没有明确答案，依然充满不安全感，感觉上几乎所有事情都还有可能发生的那样一个时代、那样一个气氛，告诉读者在那样的时代、那样的气氛中，发生了什么。

这是《百年孤独》的起点，也是"魔幻写实"的起点，更是使得"魔幻写实"与《百年孤独》能够横扫西方文坛的起点。什么是"魔幻写实"？"看起来真实的魔幻景象"。没错，但这样说只是把四个字拆开来讲而已。应该要强调的重点是："魔幻写实"必须建立在感受或信念的基础上，也就是人要愿意或被诱惑回到那个状态中，接受《百年孤独》的这个开端——"世界新生伊始，许多事物还没有名字，提到的时候尚需用手指指点点"。这是最关键的。

"魔幻写实"由拉丁美洲开始，借着像卡洛斯·富恩特斯 [1] 和加西亚·马尔克斯等小说家的优秀作品，流传到拉

1　卡洛斯·富恩特斯（Carlos Fuentes Macías, 1928—2012），墨西哥小说家，著有短篇小说集《假面具的日子》，长篇小说《阿尔特米奥·克鲁斯之死》《最明净的地区》等。

美以外的地区，引来了众多的模仿者与模仿作品。当全世界都在写"魔幻写实"小说时，我们就可以更清楚地看出，拉丁美洲的"原汁原味"毕竟是不一样的。其他地方的模仿者，始终没有办法让自己进入那个魔幻世界里，真正感觉到"经过屋内转角，很有可能就会碰到死去了的姨婆"。其他地方的作者没办法让自己"返祖"到接受那些非理性、违背理性的事真的会发生且真的发生了，而不只是存在于人的自主或不自主的幻想幻觉里。其他地方的作者写不出那样一个什么事都有可能发生的、缺乏理性保护的、极度不安全的世界。

　　加西亚·马尔克斯的成长背景当然很重要。那个背景环境有许多和我们很不一样的条件，把他拉进那不安全的存在中，又帮助他度过不安，不至于发疯。例如理性化的社会中，文学不太会和妓院扯上关系，但是在加西亚·马尔克斯的小说写作里，妓院作为一个社会机构，也作为一个生命主题，却不断反复出现。年轻时，加西亚·马尔克斯真的曾经长期住在妓院里。在《没有人给他写信的上校》里，他写过一个令人难忘的老鸨，她引诱了一群年轻人到她的妓院去。她看待这些年轻人，一方面是顾客，一方面又是孩子。让年轻人在妓院里胡搞了一阵子后，她会关心地问他们："功课做了没？饭吃了没？这两颗维他命给我吃下去。"这是很奇怪的关系，难以理解，却又那么具有说服力。

7.

读《百年孤独》，必须自己试着去分别段落。加西亚·马尔克斯刻意混淆了结构，他依循的是小说内部特殊的魔术时间，跳跃、循环，循环中有跳跃，跳一跳又绕回原点，这样的时间同线性的物理时间纯然是两回事。加西亚·马尔克斯在这个魔术时间中来回进出，他自己清清楚楚，但读者读着一不小心就会迷路。

加西亚·马尔克斯写作过程中，最早手上有一份小说情节的组织表，同时也就是这个家族百年中发生过的事情的总表。这本书在原先的构想里，是要叫作《家》的——让人想起巴金的"激流三部曲"：《家》《春》《秋》——要写他的家，写他的家族。后来《家》变成了《百年孤独》，这中间经过了十多二十年。写完之后，最了不起的成就是：我们从小说中完全找不到这个组织表了，我们无法一眼看穿这一百年究竟发生了哪些事，又是以什么样的顺序、什么样的因果连结发生的。

加西亚·马尔克斯不让我们一眼看穿。他要我们自己去整理、自己去体会，那是小说内在的功能，文本本身就召唤读者用更仔细、来回寻索的方式阅读。它要求我们用自己的时间概念去整理，或者说，用我们的时间去和小说中的时间颉颃辩证。我们都知道《百年孤独》的叙述时间是跳跃的，但到底是怎么跳的？光是第一句话，就值得探究。这句话引起了许多讨论争议，就如同普鲁斯特《追忆似水年华》最有名的第一句话一样。

《追忆似水年华》一开头，普鲁斯特刻意用了不符合法文文法、带有冲突时态的动词，产生了晃荡于过去与未来之间的游移。《百年孤独》的第一句话，也同样带着冲突的时态。"多年以后，面对行刑队，奥里雷亚诺·布恩迪亚上校将会回想起父亲带他去见识冰块的那个遥远的下午。"看起来像是一个简单的倒叙句。依照时态较模糊的中文来读，这本书叙述的时间起点，应该是布恩迪亚上校面对行刑队的那个时间。他在面对行刑队这刻，回想起爸爸带他去找冰块的那个下午。这里有两个时间，一是早一点的去找冰块的下午，另一是面对行刑队而产生回忆的那个时间。

但若读西班牙原文，或读忠实翻译的英文译文，那就不一样了。"多年以后，面对行刑队……"，这句话用的是过去式。[1]换句话说，故事叙述的开端，不是面对行刑队那一刻，而是那一刻都已经成为过去了，才回头记录他面对行刑队时，想起父亲带他去找冰块的下午。这里不是两层，而是三层时间的叠合。

第一句话就确立了小说多重倒叙的原则，去了又回，回了又去，在这个时间点回想在另一个时间点上对于更早的、又一个时间点的记忆。那百年的时间长流被反复穿越飞渡，又频频在特定的点上停留钻凿。如果有时间有精力的话，你可以试着仔细将所有的穿越飞渡，像画一张地图般全部画出来，那会是陪伴你走出《百年孤独》叙述迷宫的指引图。若有那样一张图，你会更惊讶于加西亚·马尔克斯的成就，他不是乱写的，不是随便在时间上高兴怎么跳就怎么跳的。

一种方法是将魔术时间转化回物理时间的顺序，如果

1　此句英文翻译为："Many years later , as he faced the firing squad, Colonel Aureliano Buendía was to remember that distant afternoon when his father took him to discover ice."（Gregory Rabassa 译）

你做得到的话，那可以画一张表。另一种方法是透过角色来整理。不是书前面通常会有的"人物表"，而是整理各个角色在不同章节如何出现，什么时候在什么状况下，前面的角色又在后面出现，这样画出一张表。还可以用事件发生的不同地点，再整理出一张表来。如此做完，加上一个前言，差不多就完成了一篇文学研究所的硕士论文，而且还是很扎实又很精彩的一篇论文。

不过做这种功课，或许可以写论文、拿学位，却显然不是阅读《百年孤独》最好的方式，更不会是享受加西亚·马尔克斯丰厚心灵质地的最佳途径。

在我们一般读者眼中，《百年孤独》是一本西方式小说，然而加西亚·马尔克斯却只承认一个西方小说的渊源——美国小说家福克纳。福克纳之所以吸引他，正因为其写的是不太像西方小说形式的小说。加西亚·马尔克斯曾经带点诗意地主张：《百年孤独》其实是一首歌，一首叙事曲，一首具备特殊拉丁美洲形式的叙事曲。拉丁美洲叙事曲的特别形式决定了他要怎么样述说，由什么讲到什么，什么东西会让人家觉得有趣，什么东西会混淆别人的时间感受。他说，他写的是一首很长很长的歌，所以并不遵循西方式小说的架构与段落逻辑，所以这本小说的原始面貌看来极为素朴，没有章名，甚至没有分章号码，因而也不会有目录。

《百年孤独》很像中国农村里带着一把胡琴游走的瞎子讲出来的故事。你们有没有读过琦君散文里的回忆？瞎子到家里来说故事，一天说不完，第二个晚上继续说，第三个晚上继续说，第四个晚上继续说……这和读小说有什么根本差别？讲过的就讲过了，不能倒回去，不能把讲过了的拿回来和后来讲的、正在讲的比对。唯一能把握的，就是听讲过程中留下的松散印象。

让人家这样听的故事，也就会有不一样的讲法。说故事的人会假设，前面讲的故事中，听者会留下什么印象，会记得什么，又会记错什么。讲故事的人在这样的假设印象上继续讲下去。上次这个人不是死了吗？你有印象这个人死了，他就是死了。说故事的人今天又讲到他，他又做了一件事，如果是读小说，我们会翻回第三章，确定他前面真的死了，所以就认定现在他是鬼了。但说长篇故事不一样，说故事的人要你处于不确定的怀疑里。好像他死了，不是吗？那他怎么又回来了？是我记错了，还是他变成了鬼或者其他什么呢？故事一直在这种不确定的怀疑中进行下去，于是产生了前面提过的那种世界有许多可能的危险感。没办法查查看就找到答案，太多事无法安定确认下来。

　　长篇故事不提供清楚的结构，只是不断地叙述，从这个时点连到那个时点。加西亚·马尔克斯滔滔不绝的叙述，就是要阻止读者动用平常读小说的习惯——一看到布恩迪亚上校又面对行刑队了，赶紧找前一次是在哪里出现这个镜头，比对两次的异同。不，他要我们就那样入迷地听下去，听得迷迷糊糊的也没关系，迷离恍惚才是魔术时光应该带来的气氛。

　　巨大的叙事河流一路流下去，不会回头的，一直奔流入海。只有叙述终止了，我们才回头。你可以回头重来一次，重来两次，重来多少次都可以，但总是要让那歌唱下去，不然就失去这作品形式的特殊意义了。沉浸在叙事之流里，答案都在你的脑中，脑中对前面的故事留下什么印象，那就是什么了，因为这是一首叙事曲，是在时间流荡中不断变化的东西，而不是小说。

　　希望大家能够体会，这是对我们阅读经验的挑战。你可以试试每天睡前读《百年孤独》，读到睡着。其间会有一段意识模糊的阶段，不知道读到什么，不知道自己到底读进去没有，读了又似乎没读到。真的很像以前小孩听故事，或是躲在戏台脚看歌仔戏，听听看看就不支昏睡过去了。明天戏照样连着演下去，你不能说前面那段我没看到，可不可以倒带一下？樊梨花和薛丁山第一次决斗到底是什么结果你不知道，没办法，你睡着了，睡着了就是睡着了，那个叙述时间不会回来了。你就只能从他们第二次见面的时候接下去，边看边猜测那第一次发生了什么事。我觉得这是阅读《百年孤独》最好的方法。

每天给自己一点时间，然后一直读到睡着，就睡了，不要回头，你认为你睡着前读到哪里，第二天继续读下去，再读到睡着，第三天再继续读下去。这样的话，说不定三五天你就可以把《百年孤独》读完。那样的话，五个星期的时间内，你或许可以读个十次。于是这部小说就进入了你的生命，成为你随身带着用以观察、理解世界的一面透镜，因而你的生命也就变得不一样了。

8.

相信只要读了《百年孤独》的前面几章，就可以感觉到这和过去读过的小说很不一样。这不一样的小说不会没有来历，而且还有很复杂的来历。其中一个是加西亚·马尔克斯成长过程中所处的那个神话与现实、生存与死亡几乎没有界线的特殊环境。那不是一个加西亚·马尔克斯碰巧遇上的环境,其背后有更广大的拉丁美洲历史作为它的舞台。

拉丁美洲快速被殖民者占领,而来到这里的殖民者,是欧洲近代化过程中,相对理性化最慢、程度也最低的国家——西班牙。西班牙的天主教传教士笃信神迹、奇迹在宗教上的核心地位。他们将这套信仰带到拉丁美洲,和当地的其他巫祝信仰传统混合,打下殖民社会的基础,因而使得十八、十九世纪横扫全球的理性革命大旋风在这里威力大减。

我们会在与加西亚·马尔克斯大约同期的拉丁美洲作者中,找到类似的视野——复制复活了一个随时还有神话、奇迹会发生的世界。例如曾经和加西亚·马尔克斯过从甚密的、年纪较大些的作家鲁尔福。在拉美小说史上,鲁尔福占有很重要的位置,他开创了一种来回于生死、搞不清楚生死界线的迷惘叙述法,对后来加西亚·马尔克斯的小说产生了巨大影响。另外还有与加西亚·马尔克斯很要好的富恩特斯。

这几位作家的共通点,就是创造了让读者有实感的生死穿梭经验。不过他们都不是加西亚·马尔克斯,只有加西亚·马尔克斯写出了《百年孤独》,也只有加西亚·马尔克斯写得出《百年孤独》,超越了这些人的成就,将拉美文学传播到更广大的区域。那是因为除和这些人共同具备的拉丁美洲文化背景之外,还有另外几项重要因素参与打造了加西亚·马尔克斯及其小说。

首先应该要提的是,加加西亚·马尔克斯从加勒比海沿岸去波哥大求学,遭遇了骚动的"波哥大事件"之后,又回到加勒比海沿岸地区,然后从哥伦比亚流亡,待过包括墨西哥市在内的好几个拉美国家的都城。一二十年间,他来回晃荡在拉丁美洲的城市与乡村之间,在同辈青年之中,这样的经验并不多见。

第二次世界大战之后,二十世纪后半叶,拉丁美洲和全世界大部分地区一样,都经历了巨幅的人口移动变化。高度都市化带来人口往都市集中的现象。第二次世界大战之前,高度都市化的国家,都市人口一般占到所有人口的三分之一。可是到二十世纪结束时,许多国家的都市人口占比率超过了百分之五十。

一边进行内战,一边进行着都市化,这给拉丁美洲意识观念带来了强烈的偏向。都市化必然有其人口分布上的偏斜。都市化的主要动力是年轻人，尤其是年轻男性率先离开农村，以待售劳动力的身份进入都市。男性人口比率过高带来都市层出不穷的卖淫、犯罪等问题，因而发展到一定阶段，就会鼓励年轻女性随后移居都市，或许作为新的补充劳动力，或许寻求更好的婚嫁机会。

性别分布会逐渐趋向平衡，然而世代分布却会持续失衡。没有相应的动力刺激中老年人也移居到都市来。年轻人去了都市，却将中老年人留在乡村，这是非常普遍的现象。

在这个过程中，会产生很多各式各样的变化，例如台湾在工业化的过程当中，也面临过这种状况，大家有自己的一些问题，也有一些自己的解决方法。

在加西亚·马尔克斯成长的那段时间，厌倦于内战的人们，以自由交换独裁者承诺给予的休养生息，独裁者的崛起终止了内战。年轻一辈在独裁者的统治下出生、成长，很容易将独裁视为理所当然的、正当的，甚至是唯一的统治形式。相对地，被留在农村、没有移到城市的中老年人，却承担了更早之前的内战记忆。政治史与政治学上的通则：独裁统治的社会，基本上不会欢迎记忆。独裁者会用各式各样的方式去改写历史，希望所有人都活在统一的历史版本中，而这统一的历史显示：自古以来都是独裁，独裁者的统治是没有时间性、近乎永恒的。这是独裁者依赖的安全感来源。

编造历史其实蛮麻烦的。因为历史牵一发而动全身，独裁者要创造自己比较好看，乃至于具备神话效力的过去，就必须连带编造他周遭相关的人的身世。没有一个独裁者是孤身长大，没有家人、没有同学、没有朋友的，于是所有家人、同学、朋友就必须连带改变其过往故事。那真是一桩大工程。例如你原来十五岁的时候，跟随着这个后来当上了独裁者的人在火车站当扒手，一旦他当上了独裁者，抱歉，独裁者不可能当过火车站里的扒手头子，所以你那时候要么不认识他，要么就不是火车站里的小扒手。极权主义最恐怖，也最了不起的地方，就是可以全面改写所有记录，甚至可以仔细地将后来认定不该出现的人从历史照片上挖掉，再补上后来认定应该在的人。

拉丁美洲的统治者没有那么细腻高超的改造技术，他们依赖比较容易的方式——以高压手段叫人们忘掉"不方便"的事，不准提不准讨论，没人提没人讨论，也就等于那些往事不存在了。

这种粗糙的记忆管制，当然没办法执行得彻底。不过在执行过程中，独裁者得到了都市化很大的助益。大批年轻人集中到都市，就可以方便独裁者集中管制，愈是都市化的、人口集中的地方，记忆就愈容易被抹杀，或者该说，不在意记忆的气氛就愈浓厚。

随着都市化的兴起，拉丁美洲很多国家都出现了这种两极发展的趋势——都市是没有记忆的地方，人们只看现在，只看眼前，然后只过当下的生活；相对地，被留在城市以外，乡镇、农村里的中老年人则活在过去的记忆里，一方面独裁者无法有效将统治之手伸到他们那里，另一方面他们留有太过于鲜明、太过于强烈的记忆。《百年孤独》中的布恩迪亚上校前后参与发动了将近三十次战争，其中一大半都打输了，曾经面临枪决，这样的记忆要如何遗忘？就算他自己想忘掉，那记忆都会紧紧不舍相随。更何况老人们手头上最多的，就是时间，他们有近乎无穷的时间，慢慢咀嚼自己过往的经验与感受。

一边是几乎没有任何记忆、很少有中老年人、主要由年轻人所组成的都市；另一边是几乎由记忆统治了一切的、看不到什么年轻人的乡镇。加西亚·马尔克斯穿梭来往于这两种环境中，怎能不受到特别的冲击？加西亚·马尔克斯并未以和同辈人同样的方式长大，他在外祖父家长大到十岁之后，才和爸爸妈妈同住。而他的外祖父是遍历内战之后才在加勒比海沿岸香蕉园地区落脚的，日日等待那总也不来的退休金的老人。

这样的经验不可能在他长大搬到波哥大后就消失不见的，他是带着鬼魅记忆到波哥大的，念了法律系，同时却又很喜欢文学，便开始了文学创作，在文学与法律间摇摆不定。他本来是想把法律念完再作打算的，却因为"波哥大事件"返回乡下，终止了法律方面的追求，回到那鬼魅记忆的源头。

来往于繁华、错乱、以现代性和当下时间打造的城市，以及时间几乎静止、荒败垂老的乡村之间，这对加西亚·马尔克斯而言，是很大的诱惑，也是很大的挑战。他一直到一九六七年才将《百年孤独》写出来，因为需要充分的时间去摸索该用什么方式将这对比表现出来，这当然不是一件简单的事。

9.

还好，加西亚·马尔克斯的另一条文学来历，给他提供了很大的帮助——他认真读了且热爱美国小说家福克纳的作品。

福克纳是诺贝尔文学奖得主，但他在文学上的成就、在文学史上的意义还超过诺贝尔文学奖对他的肯定。西方现代主义小说潮流中，有两位美国籍的诺贝尔文学奖得主，真正对现代主义的根基产生了转换性质的关键冲击，那就是海明威和福克纳。相对地，例如斯坦贝克或者索尔·贝娄，他们的小说当然也都很杰出，但他们并没有对现代小说进行革命性的反省，也就没有给后来的写作者带来那么强烈的启发。有许多爱好文学的人，具有文学天分的后来者，读了海明威或福克纳的小说，因而震撼慨叹："啊！原来小说可以这样写！"于是读过了海明威、福克纳，就再也无法摆脱他们的影响，他们的影子会固执地钻进这些人的作品里。

让我们快速回顾一下西方小说的发展变化。长篇小说，也就是英文里的 Novel，这个词拿来当形容词用，指的就是"新鲜的""前所未见的"。长篇小说并不是向来存在的，而是一件相对后起、新鲜的事，是十七世纪才崛起的新玩意。长篇小说的发展，同城市和中产阶级阅读群体的兴起有非常密切的关系。没有这两项条件，就不会有我们今天熟悉的这种西方长篇小说形式。

　　长话短说。进入十九世纪后，写实主义成了长篇小说的主流美学标准，认定长篇小说应该描写真实发生的事，或者更精确地说，要能够帮助读者掌握生活的现实状况。写实主义一部分源自城市中产阶级的强烈需求。为什么要写小说？为什么要读小说？因为城市生活将人从原本安稳、熟悉的环境拔出来，放置在一个陌生的、不安的、不断变化的环境里。小说的重点功能是提供别人生活的图像，借由小说家的虚构能力将别人的生活呈现出来，让读者了解。活在混乱、多样的城市里，没关系，不必担心，不必害怕，透过呈现各种不同人的生活样貌的小说，我可以知道：喔，原来他们是这样子过日子、想事情、看世界的。要能承担这样的功能，显然小说必须是写实的，不能任由小说家天马行空写自己的幻想。

　　因为小说和城市生活密切相关，因而小说的内容，相当程度上是由城市中产居民的问题与关怀来决定的。那个时代的城市居民困惑什么呢？他们困惑于无法掌握城市的面貌，无法定义城市生活。随时不断有新的事物在身边出现，无法以原本的经验来应付处理。散步的路上，多了一幢怪模怪样的建筑，为什么有人要盖那样的房子？又有什么人会住在那样的房子里？我去度假的海边，今年多了一种现象，有些人不在海里游泳，却住在有游泳池的旅馆中，在那人造的游泳池里游泳，这是怎么回事？城市的一整片工人居住的区域，在很短时间内被夷平，在那上面建成了一座庞大的公园，公园池子里有人放他们的模型小帆船，池子边的舞台有弦乐四重奏在演出，这又是怎么回事？更不用说到了一八六〇年左右，西欧的主要大城，陆续出现了百货公司，成千上万种货品集合在一起，让人看得头昏眼花，我该如何看待、如何应对呢？

城市生活不断地变化，尚未习惯这种变化速度的城市居民怎么办？没关系，你可以去读小说。因为会有小说内容告诉你：住在大公园附近的人，如何看待大公园，怎么利用大公园？所有跟大公园发生关系的人，他们彼此用什么方式互动？他们过什么样的生活，生活中会发生什么样的事？他们会用什么样的情绪，用什么样的感觉，来回应什么样的事情？小说有巨大的教导功能，教导读者认识不熟悉却又切身的周遭生活。

到了十九世纪后半叶，尤其进入二十世纪，城市生活持续变化，从量变到质变，带来了新的问题。有待解决的新问题是：个人和周遭其他人愈来愈隔绝，生活愈来愈疏离。原本好奇别人的生活，是希望从别人的生活方式中找到规则规范，来模仿学习，让自己能做个更可欲的城市居民。然而累积了愈多关于城市生活的讯息，你会发现：别人过的生活，和你的生活差异大到似乎断绝了其中的连结。除了都住在这座城市之外，那些人和你之间没有什么生活关系。

在缺乏明确人际纽带，而且拥有多元环境与多元生活样态的城市中住久了，人会逐渐失去定位、定义自己的安全感。我到底是谁？我到底应该过什么样的生活？我能找到一种"对的"的生活，甚至只是"对的"生活目标吗？更多的城市生活讯息与细节，非但无助于回答这些存在的根本问题，还会进一步加深其焦虑程度。

在这个节骨眼，写实主义小说演变为现代主义小说。现代主义小说放弃了提供更多城市生活的客观描述，转而去追索记录个人主观的迷惘与错乱。需要被探索、被解释的不再是外在现象，而是自我和自我感知外在的方式。从十九世纪的法国"心理小说"开始，小说便不断地朝个人内在的层次去走，察看人主观感应感受外在世界的过程。

这巨大的小说转向浪潮，仍然是集中在城市发生的。乔伊斯的经典短篇集《都柏林人》，就是一部站在现代主义小说门槛上的作品，它站在门前，然后回头总结了写实主义小说要做的事。《都柏林人》之后，乔伊斯接下来写的《尤利西斯》跟《芬尼根的守灵夜》，那就是清清楚楚建立放在现代主义新感官新思维上的杰作了。

《都柏林人》带有强烈的过渡与暧昧性质。一方面它承袭了十九世纪写实主义小说对于都市、对于都市个人生活的好奇，但另一方面，它摒弃了写实主义的大块文章长篇描述，改用片片断断的捡拾来表达，集中凝视都市中某些个人偶发瞬间的灵光一现（epiphany），描写灵光一现式的小经验。

《都柏林人》不是狄更斯、托尔斯泰他们写的那种具有高度代表性的大故事，而是非常个人化的写真，甚至连写个人经验，写的都是某个人生命中非典型的一个小片断。从这点上看，《都柏林人》离开了十九世纪，朝二十世纪的现代小说走了一大步。不过，换另外一个角度看，乔伊斯抽取这些人、这些经验作为样本的企图，却毕竟还是呼应了写实主义后期的创作理念，要借由小说的虚构，将时代、社会中最重要的精神面貌，浓缩在几个角色、几个情景、几个情节中展现出来。在某种意义上，《都柏林人》一书中所有个人的灵光乍现经验集合在一起，似乎也还是呈示了世纪之交的都柏林某种异于其他城市的精神特质，我们不能忽略乔伊斯在这方面的成就。

美国作家舍伍德·安德森，模仿《都柏林人》写了《俄亥俄，温斯堡》(又译为《小城畸人》)，书名就讲明了这些短篇小说的背景，是美国俄亥俄州的一个小镇。把乔伊斯写都柏林的笔法，拿去写小镇生活，这个挪移是有意义的。过去小说负担有刻画、掌握复杂城市生活的使命，所以发展出写代表性角色故事的基本模式——在这里找一个有这种属性的，在那里找一个有那种属性的，像今天在做民意调查似的，于是五个十个角色的生命互动，就能撑起一幅都市图像。

写实主义小说手法因而很难搬去描写城市以外的环境。当时的主流概念是：小说写城市，因为城市才有这么多稀奇古怪、光怪陆离的事。在城市以外的田园农村里，大部分的人都一样，生活没什么特别变化，大家彼此认识，我知道你的生活，你也知道我的生活，那还有什么好描述的？但舍伍德·安德森却将《都柏林人》的写法，搬到了小镇上，让我们看到、意识到，其实表面上看来安静平淡的小镇，并不见得都那么具有同质性。其多样变化的戏剧性，不在表面，而在每个人的主观深层之处。

10.

　　曾经和安德森密切来往的、受到安德森强烈影响的作家之一，就是福克纳。

　　福克纳写美国南方小镇乡野生活，其写法有承袭写实主义的部分，但同时又会穿插如同神话或传奇般的内容。福克纳全面地将原本在城市经验中淬炼出来的小说技法——从十九世纪的写实主义，到通过乔伊斯、安德森而来的现代主义美学——挪来写城市的对立，即看起来落后、传统、封闭的农村社会。在想象中，和城市相比，美国南方农村应该很无聊，简直像是随时陷入昏睡状态般，哪有什么好写的？可是在福克纳的笔下，他建构了一个南方地域，在那里的生活有比城市经验更惊人也更迷人的地方。福克纳写出了一种东西，那是城市兴起之前，没有人能够察知，都市化兴起之后，又没有人去回顾整理的东西。

　　城市生活逼着城市居民非得高度理性化不可。道理很简单，住在城市里，至少你得要有精确的时间理性，知道巴士几点要开，火车几点要走，不然巴士火车是无法运作的。银行几点上班，几点下班，如果不知道，要怎么工作？太多人集合在城市里，所以非得有理性介入来安排。

城市居民必须按照安排城市集体事务的理性来调整自己。这正是从乡下来的人刚搬到城市，最难适应的。

在这种被城市理性化了的经验基础上，回头看，会赫然注意到在城市以外的地方，城市化影响还没有全面占领的地方，竟然还有人不曾经历这种理性安排的洗礼。在那里还存在着理性洗礼之前的时间。从一个城市人的角度，而不是从沉浸在这种前理性传统的人的角度来看，这种生活一点都不无聊，里面有好多神奇的成分。这些未经理性淘洗的人，他们了解、他们看到、他们听到许多城市居民再也无法了解、再也看不到、再也听不到的东西。他们还相信很多城市人再也无法相信的事。

福克纳将源自城市生活的小说之眼，拿去看似乎未经变化的偏乡，再以经过城市生活锻炼的小说之笔，敏锐细致地刻画他们的生活、他们的信仰、他们的感情与种种互动，这些描绘对高度城市化环境中的读者来说，宛如神话。福克纳有非常坚实的写实功力，他极度讲究、强调用文字去捕捉、复制对话。他的描述让人很难质疑其现实性，读起来就像真的一样。然而似真笔法写出的内容，却又如此难以理解。他们的暴烈、他们的昏睡——对城市居民完全无意义的事，却可以激起他们再强烈不过的反应；相反地，城市居民觉得天大地大的事,他们又可以完全视若无睹,不放在心上。这种倒错,构成福克纳小说底层没有明言的基础,也是他的小说让人无法抗拒的魅力所在。

我们可以想见,在那种环境下成长的加西亚·马尔克斯,当他读到福克纳的小说,会有多么强烈的亲切感。福克纳笔下的美国南方,多么像他在加勒比海沿岸的外祖父家的景况。就连那种死人幽灵继续存于活人感受中,还在到处游荡的现象,都如此类似。福克纳教会了他一件事:用看似写实的手法,写出从城市人理性化眼中看来明明是奇幻神话的故事。福克纳超越了城市人概念下的写实,不会因为这些是城市人不会相信也不会懂的,就必须小心翼翼去避免,或啰里啰嗦去解释,而是仍然用讲一件真实的事的口气,大大方方讲出来。

因为有福克纳,加西亚·马尔克斯才找到了叙述的方法,也才能够去建构他自己的小城——马孔多。地图上可以找得到马孔多这个地名,不过现实里的马孔多和加西亚·马尔克斯笔下的马孔多,不是同一回事。加西亚·马尔克斯笔下的马孔多,是一个小镇;现实的马孔多则是一座香蕉园,是加西亚·马尔克斯从外祖父家乡到波哥大搭火车时会经过的一个地方。他喜欢这个名字,以这个名字建构了福克纳式的偏远荒郊地区，让这个偏远的小地方，发生了一切我们认为可能发生，以及我们不相信会发生的事。

加西亚·马尔克斯又从福克纳上溯乔伊斯，学到了另外一件事情。

在二十世纪之前，小说成立最重要的要件，是事件（event）。一定要发生一些事件，才能拿来放在小说里叙述。现代主义兴起之前，好的小说都可以透过小说中的核心事件来讨论。讨论《巴黎圣母院》，就先说书中到底记录了什么事件。讨论《悲惨世界》，就先将那五大册小说中的主要事件做个表列出来。这些小说都有事件发生的轴线，你可以很容易地在读完小说之后，将之整理转述。

进入到现代主义小说，那就不一样了。乔伊斯的《尤利西斯》究竟写了什么样的事件？你能像形容《巴黎圣母院》一样，形容《尤利西斯》吗？或许你会说，小说写布卢姆一天当中做了什么什么事，但这样的说法没有意义，对我们理解《尤利西斯》一点帮助都没有。你可以读删节本的《巴黎圣母院》，明白这部小说的概要。一百多年来，绝大部分的读者都是靠删节本来读《悲惨世界》《三个火枪手》《基督山伯爵》的，没什么人读冗长的原本，这无碍于他们觉得自己"读过"这些小说，也无碍于他们和其他读者讨论这些小说。但同样的方式，却不能用来应付《尤利西斯》，虽然这本书也很厚重很大本，但没有人去出版简化版的，讲小说的故事梗概和阅读小说本身，完全不同。

很多人都说福克纳写活了美国南方。美国南方之前发生过、之后会发生的任何事，没有一样逃得过福克纳的法眼。然而在福克纳的小说里，也整理不出重要事件。关键的是那些人，不同的人，对于事情的不同感受。感受而非事件，才是容纳美国南方特质的载体。

《百年孤独》也是这样，好像所有的事都发生在马孔多，或都跟马孔多有关系。可是认真追究，又实在整理不出这些事的脉络轴线。事件在哪里？一个人被枪杀了，他的血流出来，一直流一直流，从大马路上流回自己的家门？一个人头上随时都有黄蝴蝶不断绕飞着？一个人在平交道前看着一列火车驶过，那火车却一直走一直走，怎么也走不完？这些都不是事件，要让所有的事浓缩在小说中发生，唯一的方式就是打散、取消明显的事件。不以事件为核心，小说能够表达更多更深的内容。加西亚·马尔克斯还从福克纳那里学来了这项本领。

11.

　　再讲另外一个加西亚·马尔克斯小说的来历，那是前面提到过的——妓院生活和真正的妓院，在加西亚·马尔克斯生命中占有的地位。加西亚·马尔克斯不是金庸小说《鹿鼎记》中的韦小宝，然而要明了他所在的社会环境，最直接容易的方式，说不定还是透过韦小宝这一形象去理解。不是说加西亚·马尔克斯的妈妈在妓院里待过——不是这样的比拟联想，而是说就如同韦小宝混大的那个扬州环境，有一个奇特的社会，或说社会中很奇特的一部分，在那里，原来传统的、既有的一般联系纽带被切断了。

　　人很难不依靠其他人过活的，我们得承认。传统上，家族、道德、社会身份，这些因素都在保障我们可以在别人之中活着，让我们不孤单。我知道自己和谁有什么关系，知道可以将许多自己一个人承担不来的东西推给谁来帮忙承担。当然相对地，你也得帮别人承担，承担他们不能承担或不想承担的东西。社会纽带是非常重要的。可是在拉丁美洲，尤其是到了加西亚·马尔克斯成长的时代，美国霸权、殖民主义，加上都市化发展，无情地碾碎了这些纽带。

在这种社会环境里，妓院提供了另类、替代性的社会纽带。加西亚·马尔克斯年轻时，曾经在一家妓院中混过一段时间。他和另外几个人既是妓院的顾客，又是妓院老鸨照顾的对象。那不是我们想象的性交易关系，而是透过性关系连结产生的一种社会纽带形式。

加勒比海沿岸的香蕉园，总是会有很多离家背井的男性劳工。他们没有了原生地的关系，只有同为外来客的工作同伴。他们没有办法重新建立稳固的家族纽带，只能去建构另外一种组织，以提供临时的安全感。

妓院就是这样的一种组织，或说环绕着妓院可以产生这样一种组织。听起来很怪，有人不愿承认，但这是事实。妓院是人来人往的汇聚点，对他们来讲，不只是买春得到一时发泄的场所，而是一个综合的人群活动中心，并由此产生了一种以妓院为中心的社会组织。当然，妓院不会是一个"正常"的中心，它毕竟承担着道德上的污名（stigma），因而这样的社会组织不会是稳定的。它因应特殊需求产生，只能在社会看不见的角落存在运作。

加西亚·马尔克斯年轻时就体会了这种特别的社会组织，并从中体会到了"孤独"的意义。"孤独"的英文叫"solitude"，西班牙文叫"soledad"。"孤独"是什么？

加西亚·马尔克斯给的定义是："孤独（solitude）是支持（support）、同情（sympathy）与团结（solidarity）的对立。"这几个都是以字母"s"开头的词。每次人家问到为什么要写《百年孤独》，要以"孤独"来定义、规范这一百年马孔多的历史，加西亚·马尔克斯就如此回答。

将这句话置放回妓院背景，我们可以更深刻地了解他所要描写的"孤独"。他看到了一大群在拉丁美洲历史环境下成长的人，到后来都失去了支持、同情与团结。他们得不到支持，他们得不到同情，倒过来，他们也不懂得如何去支持别人，同情别人，也就不可能和别人形成团结。他以马孔多来象征拉丁美洲的巨大历史变化，看见了每一个人都是孤独的。

这么庞大、这么普遍的"孤独"要怎么写？即便用理论的语言、哲学语言都很难精确地表达其向度与强度，何况是要化成小说具体的描述。这个主题困扰了加西亚·马尔克斯将近二十年，找不到适当的叙述方式。最后是在妓院，或说在对妓院环境的回忆中，他找到了写作的突破口。与其正面去描述"孤独"，不如描述人以什么样奇特、荒诞的形式来慰藉"孤独"。人要孤独到什么程度，才会聚集在妓院里，只能从妓院得到所需的安慰呢？连妓院这种阴暗、隔绝的环境，对这些人来说，都是难得的可以彼此支持、同情的场域，你说这些人有多孤独！

全世界没有其他的地方，人会到、要到妓院寻求人际慰藉。我们常看到的，是文学家的想象，一个绝望的人进到妓院，找了个妓女，对她说："我给你钱，请你听我说话，好不好？"然而加西亚·马尔克斯却切身感受到了，以马孔多为象征的拉丁美洲，人真的是在妓院里面才能得到在其他地方都得不到的一种人与人之间的连结。

我二十岁出头读《百年孤独》，再接触到加西亚·马尔克斯的生平及对妓院的看法，这对我是很大的震撼。在原本的概念里，妓院是肮脏的、阴暗的、污秽的，是人与人之间最疏离的地方——正因为肉体贴近，更对照出精神、感情上的疏离。可我在加西亚·马尔克斯的作品中感受到：原来我们自以为知道的东西，都不是这样东西唯一的面貌。

几乎和读加西亚·马尔克斯同时，我又读到张爱玲"翻译"的《海上花列传》，那是一本吴语小说，用方言写的，我们一般人不容易完全读懂，所以张爱玲特别把全文"译"成普通话。张爱玲写了一篇译后记，对这部小说作了令人惊讶的分析。多年以来，《海上花列传》被视为二流的狭邪小说，张爱玲却告诉我们：小说里那些进出妓院的男人，他们不是去买女人的肉体，相反地，他们是去买爱情，或是爱情的假象。因为在中国传统社会中，没有其他地方可以让男女调情恋爱，婚姻中完全没这种东西，做太太的也绝对不懂这种东西，所以男人只好付钱到妓院里和女人玩爱情游戏。从某个角度看，《海上花列传》也写出了中国妓院和中国社会的另外一面，写出了活在那个社会里的人，那是一种我们过去忽略了的"孤独"。那样的社会有它自己的孤独，不幸的是那个社会没有像加西亚·马尔克斯这样的作家，立志要写出"孤独"的面貌，因而我们只能靠着张爱玲的翻译与解说，从《海上花列传》中得到吉光片羽。

加西亚·马尔克斯明白意识到他的小说要处理的大问题：这种"孤独"究竟是什么，又是怎么来的？换个方式说：究竟在拉丁美洲的历史上发生了什么，以至于一步一步缠卷，让所有的人都只能以这种"孤独"的方式存在？

这样的小说真的非常难写，不能用一般的形式来写，必须找到一个能呼应，甚至加强各个角色"孤独感"的形式。他奋斗多年下来，完成后的《百年孤独》写了一个关系庞杂的大家族，几十个角色穿梭其间，遭遇了各式各样奇怪的故事，然而这么多角色，真的没有一个是不"孤独"

的。没有一个角色可以和其他任何人发生密切且安全的关系。在小说技艺上更惊人的是，所有这些在不同角色身上的"孤独"是如何来的，又怎么占领、侵夺了他们的生命，小说中都有交代，都有来历，没有为了让每个人都"孤独"而勉强设计的情节。于是读者阅读时，不见得会意识到这普遍的、如同瘟疫般感染的"孤独"，而是感觉到一股压力持续堆在胸口。

这些人的生命，要么少了什么，要么多了什么。但究竟少了什么或多了什么，那就是我们阅读中或阅读后要掩卷闭目认真思考的了。

12.

加西亚·马尔克斯的文学来历还有一点，是他写作《百年孤独》漫长过程中所经历的时代变局。

他亲睹，甚至亲身经历了二十世纪五十年代后期拉丁美洲独裁者的接连垮台。一九五五年，阿根廷独裁者庇隆——电影《庇隆夫人》中主角艾薇塔的丈夫——倒台仓皇流亡。一九五六年，秘鲁独裁者下台。一九五七年，加西亚·马尔克斯自己的家乡，哥伦比亚的独裁者下台。一九五八年，他们隔壁的委内瑞拉——加西亚·马尔克斯曾经在这个国家的首都住过一段时间——的独裁者被推翻。一九五九年"波哥大事件"里另一个主角——卡斯特罗，在古巴发动革命，取得政权，赶走了古巴原来的独裁者。《百年孤独》小说酝酿时，拉丁美洲的历史看起来正在发生翻天覆地的变化，在这些独裁者如骨牌一般接连倒下后，应该会在"后独裁"的情况下，发展出全新的拉美社会。

对于后来加西亚·马尔克斯的文学，最大的影响在于独裁者倒台后所揭露出来的内幕。一旦独裁者不在了，才会有、也就会有各式各样的人讲出"我在谁谁谁身边的故事"。独裁者不再是高高在上、只有形象与权力却没有生活的人，他被还原出了"人"的一面。

这些倒台了的独裁者的故事到处流传。故事给了加西亚·马尔克斯一股强烈心寒的感觉。讲到拥有几近绝对权力的独裁者，你们心中会有什么样的印象？权力、财富、腐败、酷刑、残杀？酒池肉林、后宫佳丽三千？这些当然会有，但真正让加西亚·马尔克斯寒心的，却不是这些。

震撼他的，是这些人取得了那么大的权力后的病态反应。从一个角度看，每一个独裁者，都是心理、精神上的病人。例如哥伦比亚的独裁者下台之后，被揭露出来：他无法安心地和人相处，他只能、只愿意相信牛。几个人一起开会，他牵来一头牛在一旁，给他安全感。他爱牛成痴，生活中随时要有牛在身边。又例如阿根廷的独裁者庇隆，他最害怕他太太艾薇塔最喜爱的东西——钱，他看到钱会不自主地发抖。为什么他如此依赖艾薇塔？因为他无法处理与钱有关的事，只要具体的钱出现，他就厌恶害怕得想逃走。艾薇塔将大把大把的钱从庇隆身边移走，他的感觉是：只有我太太可以救我。

五位倒台了的独裁者，除了庇隆，其他四个都是由妈妈养大的，生命中都未曾受到爸爸的照顾影响，因而他们也都和庇隆一样依赖女性，尤其依赖他们的妻子。这样的讯息，进一步强化了加西亚·马尔克斯的"孤独"思考。不只是拉丁美洲的人民，在历史捉弄下缺乏安全感，没有支持、同情及团结，就连压在他们之上的独裁者，也都是"孤独"的，再大的权力都消除不了那种内在的无助。

加西亚·马尔克斯去了巴黎，阅读别的国家的历史，接触别的社会的作品，感受愈来愈强烈：拉丁美洲是受诅咒的地方。在这里，你拥有财富，仍然是孤独的；你拥有权力，还是孤独的。不像在巴黎，那里的有钱人可以用钱换到安全感；那里的政客们可以靠着权力、靠着庞大的国家官僚组织换来安全感。在拉丁美洲，人们不需要羡慕有权力的人，有权力的人身上带着宿命的病，让他们在权力中极度不安。

古巴革命成功，卡斯特罗取得政权后，古巴政府成立了一个通讯社，加西亚·马尔克斯在这个通讯社工作了两年。替古巴的通讯社收集各种新闻材料的那两年中，加西亚·马尔克斯目睹了拉丁美洲独裁现象的卷土重来。在古巴以外的地方，革命并未带来彻底、决定性的改变，独裁者被推翻后，很快就有了新的独裁者继位，独裁者简直就像幽灵，拒绝死去，会一直不断地回来。最突出的"幽灵经验"发生在阿根廷，庇隆被推翻了，十几年后，阿根廷又有了独裁者，还是那个庇隆。

只有古巴建立了共产党政权，但也因而看来岌岌可危，成了美国的眼中钉。加西亚·马尔克斯后来离开了古巴通讯社，就是因为发生了"猪湾事件"。看起来，拉丁美洲就是没有打算要走入新的历史阶段，只不过与旧历史之间多了一个逗点，稍微停了一下，换一批人之后，又在原来的路上继续走下去。

加西亚·马尔克斯要探索这个宿命诅咒，就算不能探索出其来由，也总得将这宿命诅咒的现象描写出来。怎么探索？如何描述？

13.

加西亚·马尔克斯从另一个文学传统中，找到了可以帮他处理这个问题的资源。一位好朋友，读过他早期写的小说，就建议他去读希腊悲剧，尤其是索福克勒斯的作品，从《安提戈涅》开始。

希腊悲剧为什么叫"悲剧"？现代中文里，我们觉得任何悲惨的事，都可以叫作"悲剧"，用"悲剧"来形容。然而，回到古希腊的原始观念里，"悲剧"的意义没有那么广泛，"悲剧"是特定指人面对命运作弄时的情况。希腊悲剧的背景是人的渺小，不只有奥林匹斯山上的诸神会随意介入摆布人，还有更强大的、连宙斯都无法改变的命运。诸神的力量、命运的控制，都没有什么道理可说的。为什么有"悲剧"？因为人的一种奇特的内在性质——即使知道不能改变命运，却仍然无法顺从命运，必然要进行无望的反抗。人明明知道神与命运如此强大，不是人力所能抵抗的,却偏偏无法不抵抗。这是希腊悲剧真正最大的来源。

　　希腊悲剧中,每一个角色站上舞台时,脸上就已经写着"失败"。只要是人,不管是俄狄浦斯、阿伽门农、阿喀琉斯、安提戈涅,他在悲剧剧场上,就必然失败。有人可能会问:戏剧的结果都已经知道了,还有什么好看的?那就是我们不容易了解希腊悲剧的关键所在。希腊悲剧要让我们看的,绝对不是过程的悬疑、结局的出乎意外,而是看那个必然失败的人,他如何无法接受失败,他如何必然有所挣扎,虽然挣扎到最后他仍然是失败的。希腊悲剧的重点讯息是:正是在抗拒神与命运时所做的决定、发生的事,定义了人是什么。每一个希腊悲剧的角色都是被捉弄的,但是面对命运的时候,他们都是不屈服的,他们用自己不同的方式表现、反映不屈服的精神。

　　像阿伽门农,他身上就牵涉了好几个悲剧。其中一个是,他为了替弟弟复仇,带领希腊大军远征特洛伊城。出发之前,诸神就已经决定,他不会那么快回到希腊,没有那么容易取得胜利,必然要损失大部分远征的战士。明知如此,阿伽门农还是要去。整整费去了十年光阴,他才取得胜利回来。回来后他又注定会被自己的妻子联合情夫谋杀。在看埃斯库罗斯写的悲剧之前,观众就知道这个结局了。重点不在看阿伽门农到底会不会死，他会不会知道了要害他的密谋而逃过一劫，而是要看他在抗拒这份命运当中，做了有尊严的还是猥琐的决定，虽然有尊严的或猥琐的决定都改变不了命运，但那显示了阿伽门农究竟是个有尊严的，还是个猥琐的人。

还有最有名的悲剧《俄狄浦斯王》。一个可怜的人俄狄浦斯，命运决定他将杀死自己的父亲，又娶母亲为妻。从他出生后，知道这个命运预言的人，都想尽办法要防止这预言成真。换句话说，所有的人都在挣扎，试图摆脱这样的命运，然而，他们所做的每一件事，想要摆脱命运的每一件事，最终都阴错阳差促成了预言的实现。那真是个悲哀得让人背脊发凉的故事啊！

希腊悲剧启发了加西亚·马尔克斯认识拉丁美洲的独特性。拉丁美洲和法国、美国，或他去过的意大利，有什么不同？加西亚·马尔克斯认为，作为一个拉美作家，先决条件是你必须有足够的勇气承认：别人的历史是开放的，也就是说，别的作家可以写将来可能发生的事，依照目前的现实去想象未来可能要发生的事。其他地方的小说作者，都拥有最基本的自由，可以选择自己小说的结局。但拉丁美洲的小说家不具备这样的基本自由。加西亚·马尔克斯写《百年孤独》，就是要写出早已经命定了的、悲剧性的拉丁美洲。拉美小说作者没有权利选择不一样的结局，不能在小说中写到一个独裁者走掉之后，不会再有另外一个独裁者。这块土地的命运注定走了一个独裁者，只会再来另一个独裁者。

后来的《族长的秋天》和《迷宫中的将军》，都有希腊悲剧精神贯穿其间。他从希腊悲剧，尤其是索福克勒斯的《俄狄浦斯王》中体会到了，拉丁美洲就是这么一回事。作为小说家，如果写小说的前提是要假想、虚构给拉丁美洲一个不同的结局，那样的写作是不负责任的，甚至可以更强烈地说，那就不是一个真正的拉美小说家。

拉丁美洲只能有这个命运。在这点上，加西亚·马尔克斯，至少在写这些小说时是个宿命主义者。但那种从希腊悲剧而来的宿命主义，绝不是单纯地接受宿命，而是要去描述人在命定状态下，如何继续努力、继续奋斗，如何继续以人的尊严活着。不会因为明明知道自己的宿命，明明知道不可能脱开宿命，就不活了。他如何活着？在无法突破那命定终点的情况下，他活过的所有日子还是算数的，不会因为无法换来不同结局而失去其意义。

这是布恩迪亚上校所象征的。他不会成功，注定不会成功。他做的每件事，都是别人已经做过的，但是他不知道，他又再做了一次。他永远逃脱不开，一次又一次发动战争，一次又一次去革命，一次又一次失败。如果抱持读悬疑小说的心情，只想知道结局是什么，那就无法读通希腊悲剧，也不能读懂《百年孤独》。

14.

除福克纳、妓院和希腊悲剧之外，加西亚·马尔克斯还有第四个文学源头——那是他当记者的经验，以及因为当记者的关系所碰触到的一些事。

例如，一九五四年八月，加西亚·马尔克斯在波哥大当记者时，发生了一件荒谬的事。独裁者突然之间决定要废除掉最边远的一个省——乔科省。他觉得哥伦比亚已经有太多省了，乔科省那边都是黑人，没太大用处，于是就在波哥大直接下令将乔科省取消，并入邻省。

消息传到乔科省，当地没人有反应。反应最强烈的，是报社派驻在乔科省的记者。他很生气，觉得政府怎么可以用这种方式草率废掉一个省？碰到这种事，照道理说，省内应该有示威游行才对。于是这位记者就报道了"理论上该有"的示威游行。新闻发回波哥大，受到了总社的重视。第二天，又有新的示威新闻，而且上街的人还增加了，乔科省的省会一片动乱。总社更重视了，就派加西亚·马尔克斯和一位摄影记者赶赴乔科省。那时候加西亚·马尔克斯在报社的地位已经很高了，这意味着报社特别派了一个明星记者去乔科省接手报道示威游行事件。

那地方还真没那么容易到得了。加西亚·马尔克斯和摄影记者花了一天半的时间，辗转换乘小飞机，终于飞到乔科省首府。他们到的时候是下午三点钟，下了飞机，赶紧问机场的人，示威游行在哪里？机场的人正在睡觉，被叫醒来回答这个让他们莫名其妙的问题。什么示威游行？没有人听说有示威游行。加西亚·马尔克斯他们只好自己找，至少先找当地的报社记者吧，找到他了，他也在睡觉。被叫醒过来后，这个地方记者才知道事情不妙了。示威游行在哪里？哪里都没有啊！

知道了真相，加西亚·马尔克斯当下的反应是："花了一天半的时间来到这里，我们可没打算空手回去。"听加西亚·马尔克斯这样说，地方记者有想法了，他回应："你们跟我来，我们去找省长。"真的见到了省长，地方记者直接告诉省长："波哥大的王牌记者都来了，你怎么能让他没有示威游行的新闻可以报道呢？这个省在搞什么啊？"省长想一下，觉得还蛮有道理的，于是就下令要有人去示威游行。一声令下，平白创造了一个群众示威游行。本来是省长下令创造的，示威游行一开始，就有许多人加入，愈来愈多人加入，进而其他的省也跟着有了示威游行，抗议中央权力太大，而且行事太霸道了。

在那过程中，加西亚·马尔克斯写了四篇很长的深度报道，那成了他的新闻记者生涯中的重要杰作。当然光靠加西亚·马尔克斯的报道，光靠各地示威游行不足以挽救乔科省，乔科省终究还是被废了。但这件事正反映了前面说的那种宿命感，重点不在于乔科省有没有被救回来，而在于乔科省如何面对这件事。有示威游行和没有示威游行，毕竟还是差很多。

此外，这样的事情一定使加西亚·马尔克斯更加清楚地感受到现实的荒谬——一场由新闻记者去创造出来的示威游行，逻辑上颠倒了，而偏偏在颠倒的逻辑里才有哥伦比亚的现实。

加西亚·马尔克斯记者生涯中，还有另一个代表性杰作。那是一九五五年二月发生的事。一艘哥伦比亚的军舰在加勒比海遇到暴风雨，八名水手在颠簸中意外被抛入海里，其中一名水手拉住木筏，在海上漂流了十天，幸运得救了。这当然是条热闹的新闻，获救的水手出了一阵风头，不过热潮很快也就过去了。就在别人都快忘掉这个水手时，马尔克斯向报社提出要求，想去做深度报道。社方的第一个反应是：这已经没有新闻价值了吧？报社是对的，其实加西亚·马尔克斯根本就不是出于新闻动机，而是因为他刚刚读完海明威的《老人与海》，满脑子都是那个老人在海上和马林鱼搏斗的影像，他想更进一步接近海洋的真实经验。

报社不赞成他去，但在"乔科省事件"之后，加西亚·马尔克斯的记者地位更高了，社方只好妥协，不过显然对这个报道不抱任何期待。加西亚·马尔克斯去了，而且进行了认真的采访。多认真？他前后进行了十四次采访，平均每一次花四小时。这个幸存的水手平常应付记者，就是说他自己的一套话，描述在海上漂流的过程就好了。碰到读完《老人与海》的加西亚·马尔克斯，可就没那么好过关了。加西亚·马尔克斯会突然问出很关键的问题。"但是，这个过程中你有喝水吗？""那你有尿尿吗？""这件事跟那件事之间大概相隔多久？中间没有发生别的事吗？"

等等。

　　五十多个小时的马拉松式采访，让加西亚·马尔克斯得以原原本本重建水手从落海到获救的细节。然后他开始写报道，很长的一篇报道。第一天写不完登不完，第二天继续写继续登，第三天、第四天、第五天……到了第六天，社长突然站在他桌子前面，轻描淡写地问："你的海上漂流报道还有很长吗？"他尴尬地回答："实在是有很多内容要写啊！"社长又问："那你预计要写几天？"加西亚·马尔克斯鼓起勇气来说实话："大概要写十四天。"社长就说："真希望你可以连写五十天。"

　　原来在海上漂流报道连载的那六天中，报纸销量每天都在增加。很多人都好奇到底在海上发生了什么事。不过这件事真正的重要性，还不只在于报纸大卖。在五十多个小时访谈的结尾，大致掌握了海上漂流的经过，既是优秀的新闻记者，又身兼敏感小说家身份的加西亚·马尔克斯觉得有一件事情还是不够清楚。他对幸存的水手说："你究竟是怎么落水的？可不可以再讲一次？"水手吓了一跳："我不是早告诉你了吗？"加西亚·马尔克斯诚恳地拜托："就再讲一次，好不好？"

　　在这个节骨眼，那个水手叹了一口气，告诉加西亚·马尔克斯：其实没有暴风雨，不是暴风雨造成他们八个人落海的，而是因为军舰上装了太多走私货物，东西堆在甲板上，没有捆绑好，大批走私货物突然滑动，八个好好站在甲板上的人，就被货物砰的一声一起推进了海里。

哇，这是连海明威都写不出来的海上经验，这是小说家都想不到的荒谬情节。长篇报道连载到最后，吸引了大批读者每天追读，加西亚·马尔克斯将这段荒谬景况写出来后，当然引发了轩然大波。这是给哥伦比亚海军的一记大耳光，也是给独裁者的一记大耳光。独裁者绝对不会高兴的。

独裁者开始将这家报社视为眼中钉。到了第二年，一九五六年，这家报纸就被独裁者下令关闭了。幸也不幸，加西亚·马尔克斯当时在巴黎当特派员，没有直接的人身危险，不过他也立时没了收入，连房租都付不出来，更被迫中断了大有成就的记者生涯。

15.

当记者的经验——以记者的报道之眼观察这个世

界——进一步让加西亚·马尔克斯体认：社会上发生的现实，可能荒谬得超过小说家的想象，像乔科省废省的事，像海上遇难者落海的真相。另外，当记者的历程，为他指认出了另一个可以当他老师、教他很多东西的作家——海明威。

海明威对加西亚·马尔克斯的影响，不太容易从《百年孤独》中看出来。但如果读《没有人给他写信的上校》，那就清楚了。那种低调、内敛、简单的叙述，背后饱含生命记忆与痛苦的张力。海明威的影响不止于《没有人给他写信的上校》。加西亚·马尔克斯从海明威那里学到"魔幻写实"的一项关键技法：少用形容词，避免虚字，尽量只用实实在在的动词、名词，借由这种风格带给读者一种现实感、写实感。

自古以来很多人都在写现实里不存在的奇幻想象，但没有人会将这些奇幻内容称为"魔幻写实"。《魔戒》很魔幻，《哈利·波特》很魔幻，但它们不是"魔幻写实主义"。那么相对地，在《百年孤独》里，加西亚·马尔克斯写西班牙神父喝了一杯热巧克力，整个人就飞起来了，不也是魔幻吗？"写实"在哪里？

加西亚·马尔克斯的"写实"很大一部分是来自读

者阅读时的感受，或该说他的文字、叙述方式在读者心中产生的效果。阅读加西亚·马尔克斯和阅读《魔戒》《哈利·波特》最大的差别是：奇幻小说依赖一种腔调，把读者带离自己的生活景况，而加西亚·马尔克斯却从海明威那里借来简捷的语句，将魔幻内容带入读者熟悉的意识状态里。"简捷"的意思不是说每个句子都短短的，而是要去除掉那些会让人在阅读过程中驻留、感受作品与现实距离的虚字。

阅读这样的小说，一种基本的感受是快要喘不过气，现象与事件一直不断发生不断发生不断发生，不让我们喘口气。连气都快喘不过时，谁还能去想去计较：这到底是真的还是假的？他不给我们这个距离、这个空间。以海明威式的节奏进行着，读者累瘫了，读《百年孤独》，你停止想象，也无从想象接下来可能会出现什么样的人，可能会发生什么样的事。那个头上总是飞着黄蝴蝶的人，接下来会不会在他背上长出一只大蟑螂？你不会这样去想去猜测的。这是加西亚·马尔克斯从海明威那里学来创造"写实"感受的诀窍。

一边读《百年孤独》，或许你会好奇去读一下福克纳，也去读一下索福克勒斯，也去读一下海明威早期的短篇小说集《在我们的时代里》或后期的《老人与海》。那么你会更强烈地感受到加西亚·马尔克斯的天才本事。他将这些不同成分融合在一起，才创造出具备独特自我风格的一部巨作。他花了很久的时间准备，直到各种文学写作的条件都到位，他将自己关起来，关了四个月，四个月中没有分文收入，用尽了仅有的一点存款。小说写完了，为了将稿子寄到布宜诺斯艾利斯去，他还将家里仅剩的三样值钱东西送进了当铺：太太的吹风机、烧菜用的搅拌机和一把用来裁切稿纸的刀，一共换了五十个比索。

16.

经典书籍出版时，通常会有导读。看待导读时，包括我给你们的导读，应该抱持着保留态度，别急着照单全收。导读绝对不能取代本文，我们总还是要自己读本文，自己形成对书的看法、意见，导读只是协助，而且导读的协助有时还是反向的——让我们发现：怎么会如此读呢？明明书里写的不是这样啊！因此我们注意到了本来或许会忽略的关键细节。

《百年孤独》中译本有一个版本，如此导读："在第二代中，布恩迪亚上校这个人物是整个家族的光辉，是人类勇者的画像……他是老布恩迪亚与伊瓜兰的次子，他从事革命……他是这个家族的太阳。"不要轻易相信这样的说法，因为在书里，加西亚·马尔克斯明明如此精彩地写出了布恩迪亚上校的黑暗面。

　　小说中，加西亚·马尔克斯让布恩迪亚上校和蒙卡达将军并列，蒙卡达就是一个比布恩迪亚来得尊荣、来得高贵的角色。小说中，这两人长期敌对，彼此交手打仗，可是却又一起聊天，一起下棋。战争介入两人之间，逼迫他们面对不同的考验。如果听从导读的说法，认定布恩迪亚上校是"光辉"，是"太阳"，一不小心你就会错失加西亚·马尔克斯的对照用意。

　　小说中，蒙卡达将军曾经占领马孔多，后来布恩迪亚打回来，收复了马孔多。布恩迪亚领导的革命军将蒙卡达率领的正规军军官通通处死，然后审判蒙卡达。这时，布恩迪亚的妈妈，永远的伊瓜兰出面干预了："他是我们马孔多有史以来最好的长官。他心肠有多好，待我们多亲切，就更不用我跟你说了，因为你比谁都清楚。"显然，不只是妈妈知道蒙卡达将军怎么统治、如何善待马孔多，而且布恩迪亚也知道。

布恩迪亚知道，却对自己的妈妈说："我不能越权执法，如果您有话要说，请到军事法庭上去说。"于是伊瓜兰就真的组了证人团，到革命法庭去作证。参与伊瓜兰证人团的，都是参与马孔多最初建城的妇人，她们很老了，"其中不少人参加过当年翻山越岭的可怕远征，她们一个接一个颂扬何塞·拉克尔·蒙卡达将军的种种恩德。乌尔苏拉最后登场。她庄严的哀伤、她显赫的姓氏，以及她令人信服的慷慨陈词一度打破法庭的平静"。接着伊瓜兰说的这句话很重要："诸位把这场可怕的游戏玩得很认真，你们做得不错，因为你们是在履行自己的职责。但是请别忘了，只要上帝还让我们活着，我们就还是母亲；不管你们有多么革命，只要没规矩，我们就有权脱了你们的裤子打一顿。"伊瓜兰的证词将包括布恩迪亚上校在内的这些革命军官，都还原为一个个应该被打屁股的小孩。

但蒙卡达将军仍然被判了死刑。然后比革命法庭判他死刑更糟的，是布恩迪亚上校不肯给蒙卡达将军减刑；比不给他减刑还要糟的，是布恩迪亚去牢房里探视蒙卡达，对他说："老友，不是我要枪毙你，是革命要枪毙你……你比我更清楚，所有军事法庭都是闹剧，其实你是在为别人的罪行受过，因为这次我们不惜一切代价要赢得胜利。换了是你，难道不会这样做？"蒙卡达将军则回答："也许吧，"他说，"不过我担心的不是你要枪毙我，因为说到底，对于像我们这样的人来说这就算是自然死亡了。"

这里显现的，不只是布恩迪亚上校的黑暗面，而且是战争如何塑造了人的黑暗面的过程。战争改变了一个人，让他习惯于以革命作为方便的借口。战争与革命凌驾，甚至取消了其他价值，包括珍贵的友谊。

蒙卡达将军和布恩迪亚上校的关系，原本是友谊超越战争的例证。两人处于敌对的阵营，一个是保守党，一个是自由党，两个阵营持续打仗，他们却可以维持友谊。然而当布恩迪亚上校回到马孔多时，他堕落了。小说中的讯息再清楚不过，那份超越战争的友谊消失了，取而代之的是什么？是满口革命的借口、革命的谎言，甚至可以顺理成章用革命为理由枪毙老友。这是加西亚·马尔克斯的用心。

出于同样的用心，在蒙卡达将军被枪毙后，接下来的一章写了"赫里内勒多·马尔克斯上校第一个感觉到战争的虚无"，要说的就是战争的意义何在？战争有意义吗？这章往下读，我们发现在这里差一点就重复了布恩迪亚枪毙好友蒙卡达的情节。马尔克斯上校如何"第一个感觉到战争的虚无"？这段真是小说家的神来之笔，精彩展现了小说家的洞见与敏锐的观察力。马尔克斯与布恩迪亚两人在电报线的两头例行对话，没有什么特别的消息要交换。对话结束前，马尔克斯上校看着荒凉的街道，以及银杏树上的水珠，发现自己迷失在孤独里。于是他发电报："奥雷里亚诺，马孔多下雨了。"发完后，电报线沉寂了好一阵。突然，机器上跳出布恩迪亚上校的无情字句——"别犯傻了，赫里内勒多八月下雨很正常。"

这话为什么无情？因为布恩迪亚没有办法感受到马尔克斯的孤独。他完全将马尔克斯拍给他的内容，就当作表面意思看待。小说家的神来之笔就在于：最后这句话，当然是电报那头布恩迪亚上校拍来的，但小说家刻意写道："电码如是说"。那是从电报线陆陆续续传来的电码而已，里面没有人，没有感情了。然后呢，"赫里内勒多·马尔克斯上校猝然间收到这样粗暴的回答，不由一阵茫然。两个月后，奥雷里亚诺·布恩迪亚上校回到马孔多，这茫然变作了惊愕"。惊愕什么？布恩迪亚带了三个情妇，把她们放在同一个房间里，自己一直躺在吊床上。去问他任何事情，他都说："别拿这种小事来烦我，去问上帝吧。"

被枪毙的老友蒙卡达将军托付布恩迪亚将遗物交给他的寡妇。东西送到了门口，丧失了丈夫的寡妇对布恩迪亚说："请别进来，上校。在您的战争里您说了算，但在我家里我说了算。"这话好熟悉啊，这本来是布恩迪亚的妈妈伊瓜兰会说的话吧？那是伊瓜兰式的骨气。然而布恩迪亚上校如何反应？"奥雷里亚诺·布恩迪亚上校没有显出丝毫不快，但在私人卫队将那位寡妇的家舍夷为平地化为灰烬之后，他的心才恢复平静。"

这是一路的堕落，愈来愈深的堕落。接着还有几个小故事。布恩迪亚看到了另一个将军，他的评语是："这是一头狡诈的野兽，需要小心提防。"他身边的人听了就说："这很简单，上校，得杀了他。"之后就真的有人去将那个将军杀了。布恩迪亚甚至不需要下命令。他已经堕落到理所当然拥有这么大的权力，以至于开始害怕自己的权力。于是他胃寒的毛病——胃痛带来全身寒冷的感觉，回来占据了他。

布恩迪亚的堕落，最悲哀、令人最无奈的底处，是他要枪毙马尔克斯上校。就连一直在身边的伙伴、最亲密的同志，如果阻碍了他的意志，布恩迪亚也会想杀他。

马尔克斯上校只不过要阻止布恩迪亚签条约，对他说："抱歉，上校，这是背叛。"布恩迪亚上校立刻命令："交出你的武器，听候革命军事法庭发落。"又是革命法庭，又是以革命为借口。这是最黑暗最黑暗的时刻。两天之后马尔克斯上校被以叛国罪为名判处死刑，布恩迪亚上校躺在吊床上不理会任何人的请求，而且下令谁都不能打扰他。但他阻止不了——没有人阻止得了——妈妈伊瓜兰出现。母子见面只花了三分钟时间，伊瓜兰说："我知道你要枪毙赫里内勒多，我怎么做也拦不住。但是我告诉你：我以我父亲和我母亲的骨头发誓，以何塞·阿尔卡蒂奥·布恩迪亚的名义在上帝面前发誓，我只要一看见他的尸体，不管你在哪儿都会立刻把你揪出来，亲手杀了你。"

黑暗与堕落被伊瓜兰强悍的决心终止了。布恩迪亚明白了，这次妈妈不只要将他的裤子脱下来，打他一顿屁股。他没有枪毙马尔克斯，转而要求马尔克斯和他一起去收拾战争。他决心要收拾这没完没了的战争。

从开始打仗以来，已经打了三十二场。不断地对抗政府军、对抗保守党，处理各种复杂的关系，到后来，战争所带来的权力、战争的血腥与残暴改变了布恩迪亚。马尔克斯上校明白地讲出来："我宁可死也不愿意看到你变成一个屠夫。"他变成了一个残暴的统治者。虽然听到马尔克斯这话，布恩迪亚坚决地说："不会的。"然而我们读到他的回应，心中难免产生反讽的感觉，因为我们明明已经看到他变成一个残暴的统治者了。如果不是一个残暴的统治者，他不会不顾友谊枪毙蒙卡达将军；如果不是一个残暴的统治者，他不会一意孤行要签那个条约；如果不是一个残暴的统治者，他不会因为马尔克斯一句反对的话，就要把他送上革命法庭；如果不是一个残暴的统治者，他不会对妈妈在革命法庭上为蒙卡达辩护的话无动于衷。他其实已经是一个残暴的统治者了。是马尔克斯上校面临死亡的那种壮烈，或者说悲壮情怀，以及妈妈的诅咒，才终于险险地让他醒过来，知道自己竟然已经是一个残暴的统治者了。

我们要牢牢记得布恩迪亚上校曾经变成一个残暴的统治者的事实，他当然不是光辉的代表、人类勇者的画像，他曾经懦弱得无法拒绝权力的腐化。

17.

我挑剔别人写的导读，当然也就不在意，甚至强烈同意读者挑剔我的导读，回头查查看，我的说法是不是真正可以从书中内容获得支持、佐证。

那篇导读，对马尔克斯上校一句话都没提。但马尔克斯上校多么重要啊！除在关键时刻唤醒了成为残暴统治者的布恩迪亚之外，他还和阿玛兰妲之间有一段令人难忘的感情。那篇导读，提到了阿玛兰妲之前的一段感情。她和丽贝卡同时爱上一个男人，从意大利来的男人，把钢琴从大老远送到他们家并拼好修好的克雷斯皮。丽贝卡原来要嫁给克雷斯皮，阿玛兰妲的反应非常激烈，她直接对丽贝卡说："你别做梦了。就算把我赶到天边，我也能想办法让你结不成婚，哪怕要杀了你也不在乎。"而且她还不只是说说而已，甚至曾经几次试图付诸实现，没有杀死丽贝卡，却害死了别人。

最初的阅读印象中，我们认得的阿玛兰妲是个热情如火、热情得可怕的人，她不是导读里说的"冰霜美人"。阿玛兰妲和丽贝卡抢夺男友这件事，后来发生了非常戏剧性的转折。有一天，丽贝卡突然发现她真正爱的其实是曾经在海上流浪、失去音讯好长一段时间后意外回来的阿尔卡蒂奥。于是她就不顾一切扑到阿尔卡蒂奥身上，完全不理会克雷斯皮，没有一点点眷顾怀念。就连父母的强烈反对，都阻挡不了她对阿尔卡蒂奥的爱。相较之下，她原本对克雷斯皮的感情，简直是儿戏。

丽贝卡不要克雷斯皮了，那么只要克雷斯皮愿意，阿玛兰姐就可以顺利和他在一起了。很好，克雷斯皮也爱阿玛兰姐，他们两人陷入热烈的爱情状态里，虽然中间牵涉深刻的压抑，但那爱情状态是毫无疑问的。

两人相爱，下一步会是什么？应该是结合吧，但阿玛兰姐却对克雷斯皮明确表达："我不要嫁你。"她的拒绝极为坚决，而且还不肯给任何理由，不管克雷斯皮如何苦苦哀求，她就是不答应，就是不解释。克雷斯皮受到双重痛苦——被拒绝的痛苦，困惑不得解的痛苦。"明明你也爱我，为什么却要拒绝我？为什么无论我怎么求，你就是不接受呢？如果你不爱我，还可以理解；但明明我爱你，我也知道你是爱我的，为什么拒绝我？"在这样的痛苦中，克雷斯皮自杀了，他是马孔多开拓以来又一个死去的人，被葬在第一个死掉的吉卜赛人旁边。他们两个都是外来的人。

从某个角度上看，这段情节帮我们彰显了"魔幻写实"的另一层意义。好的"魔幻写实"小说可以写出从表面和理性角度上，怎么看都不合理、无从理解的事，却就是让我们深受震撼，难以忘怀，难以摆脱这件事在我们心中的反复回绕。阿玛兰姐不嫁给克雷斯皮的决定，彻底违背理性，完全没有道理。试试看转述给没读过这小说的人听吧："有一部小说写两个人恋爱，所有人都支持他们，没有人阻挠他们，两个人爱得死去活来，可是有一天女生突然告诉男生，我不会嫁你。我就是不要。所以后来男生就自杀了。"看看听到的人会如何反应！他八成会说："这什么莫名其妙的小说，看它干什么！"但一字一句、一行一段从书中读到这个故事的人，却在这不合理中感受到一股冲击，逼着你不得不想：阿玛兰妲到底为什么这么做？在感情发展的过程中，究竟是什么领悟或执迷让她作出决定的？

加西亚·马尔克斯不让读者认为这件事不合理就轻易放过，所以他又写了一段阿玛兰妲的爱情，而且几乎就是她和克雷斯皮故事的翻版，只是男主角换成了马尔克斯上校。马尔克斯上校在阿玛兰妲身边，耐心地陪她编织，两人彼此都感受到了爱情的存在，马尔克斯上校几度对阿玛兰妲表达爱意，阿玛兰妲的回答是："我们都过了那个年纪，不要说了。"她又拒绝了。两次经验，她都不是不爱那个男人，她拒绝了自己爱的人。

你们或许会有比较"写实"而不那么"魔幻"的解释：算算，阿玛兰妲真的年纪不小了，说不定都过了更年期，因此就算了，人生的爱情年代结束了。因为她老了，所以她拒绝了马尔克斯上校。但不对，小说不是这样写的，别忘了，就在她拒绝马尔克斯上校时，她跟她的侄儿何塞之间有着暧昧复杂的肉体关系。还有，后来她甚至勾引了她的曾侄孙呢！她绝对不是因为年纪大了，冷淡了，没有肉体的欲望所以拒绝马尔克斯上校的，用这种方式理解是不够精准的。

若要稍微细腻精准一点，我们至少可以从阿玛兰妲两次"不合理"的决定中，感受到一种人生特殊的恐惧，一种不同的人会有的特殊恐惧。为什么我们会受到震撼？因为我们或多或少都经验过，或是曾经看到、观察到，这种不容易描述，可能也不容易承认的恐惧。

什么样的恐惧？害怕梦想实现因而失去了梦想可以带来的满足。阿玛兰妲借由拒绝，来保留她对这两个男人的欲望，或欲望状态。欲望一旦获得满足，那就不再是欲望了，它的冲动必然会下降，换来空虚或幻灭。对阿玛兰妲来说，保有欲望这件事情远比欲望被满足更重要。这不见得是阿玛兰妲才有的古怪反应，不，很多人，包括你我，在面对真正巨大的渴望，一种可以将我们带入"非常状态"（altered state）的渴望时，无法获得满足带来的高度期待，会让人的精神状态处在特殊的亢奋中，那么相较于这亢奋的状态，渴望的满足与结果，非但不是高潮，还是反高潮。它终结了这所有的一切。

18.

"魔幻写实"铺陈看似不合理的情节，却能够不让我们产生"这在胡说些什么！"的厌恶感，反而震撼了我们，触动、撩拨了一些我们内在最幽微的情绪。阿玛兰妲就是这样一个因不合理而充满震撼能量的角色。她不合理地拒绝了克雷斯皮，又不合理地拒绝了马尔克斯上校。这是件不合理的事，不过这种不合理在我们心里面，激起的是一种阅读的感受。她和侄儿何塞的关系也是不合理的，更不合理的是她竟然还勾引了奥雷里亚诺第二的儿子何塞·阿尔卡蒂奥。再熟悉这部作品和他们家族谱系的读者，都得停下来屈指算算才算得清楚，何塞·阿尔卡蒂奥比她小了三辈，是她曾孙子辈的！

这在写什么！一个白发苍苍的老太太，中间隔了三代，曾祖母与曾孙子这样的世代差距，两人之间竟然会有性上面的欲望产生。这更不合理了。这和前面的不合理不一样，谁会对这样不合理的情节感到震撼，觉得内心幽微之处被触动了呢？那又如何看待这样的不合理，该是加西亚·马尔克斯胡扯，小说家失手了？

倒也不尽然，至少我不会这样断言，不会如此小看加西亚·马尔克斯。我是从小说设计的角度来看待这段情节的。让我们拿阿玛兰妲和她妈妈伊瓜兰放在一起看一下。这两个，是真正贯穿整部小说的角色。小说进行到最后，他们家繁衍到第六代了，伊瓜兰超过百岁，然后她开始缩小，愈缩愈小愈缩愈小，到后来被她的孙媳妇放在口袋里面，每天带着走来走去。她不死，她不会死。这当然又很"魔幻"，很不合理。加西亚·马尔克斯为什么要让伊瓜兰超过了百岁还活着不死？探究这个问题，就能够找到理解为什么阿玛兰妲还会和曾孙辈的小男孩有性欲关系的线索。

基于小说结构上的理由，加西亚·马尔克斯设计了两位"永恒的女性"。她们是整部小说百年过程最重要的见证者，各自见证了不一样的现象。伊瓜兰从家族的角度见证了百年来，一代又一代的男人反复循环去做在她眼里最愚蠢的事——出去打仗、杀别人或被别人杀——然后回到家里。所有的男人最后一定要回到家里，包括那个不是她生的长子阿尔卡蒂奥。阿尔卡蒂奥死在外面，但他的血坚持穿过大街小巷流回到家里来。生与死都发生在家里，为什么？因为要让伊瓜兰见证。伊瓜兰是一个"永恒的女族长"的角色。她以家族传承的立场看着一代又一代的男人。除伊瓜兰之外，还有另外一个女性阿玛兰妲，也在见证这个家族，见证一代又一代男人的行为及其意义，只不过她是从性的欲望（sexual desire）、从肉体的角度来见证这个家族。

伊瓜兰和阿玛兰妲，小说中的两个核心人物，都是女性，这不是偶然。读《百年孤独》的前半部分，我们很容易以为布恩迪亚上校是主角，以为小说主要说的是他的生命、他的故事。但继续往下看就会知道，真正贯穿整部小说，经历悠游变化却又保持不变的，是女性角色。相对地，小说中找不到一个贯穿性的男人。男人的故事模式是一代结束，再来一代。这一代的变成痴呆，那一代的死掉、发疯，然后再来一代堕落……一代又一代的。

最有趣也最明显的证据，可以在人物表中找到。第一代，何塞·阿尔卡蒂奥·布恩迪亚。布恩迪亚第二代，老布恩迪亚的长子何塞·阿尔卡蒂奥，他的名字前两个字，和他爸爸的一模一样。布恩迪亚上校的名字是奥雷亚里诺·布恩迪亚，还好，他名字中有一个他爸爸没有、他哥哥没有的字，奥雷里亚诺。那么第三代呢？第三代的男人，一个叫作阿尔卡蒂奥，另一个叫作奥雷里亚诺·何塞。再来，一个叫作奥雷里亚诺第二，一个叫作何塞·阿尔卡蒂奥第二。他们在原文本出现时，不可能只叫"第二"，那是无从分辨的，他们必须以全名出现。到了第五代，那个男人叫作何塞·阿尔卡蒂奥；再下来，第六代，最后一个男人叫奥雷里亚诺。

摆开中文里为了方便读者辨识所用的变化译法，还原加西亚·马尔克斯原本的写法，我们就清楚了：从第一代到第六代，所有的男人从头到尾就只有这么几个名字——何塞、阿尔卡蒂奥、奥雷里亚诺、布恩迪亚。小说中，加西亚·马尔克斯明确提到了如此命名内藏的玄机。有一段讲到了和奥雷里亚诺第二结婚的卡皮奥同意将他们的儿子叫作阿尔卡蒂奥，又是阿尔卡蒂奥。听到这件事，伊瓜兰很有疑虑，在这个家族漫长的历史中，一再出现相同的名字，足以让她归纳：取名叫布恩迪亚的很聪明，但做事想太多，畏首畏尾；取名阿尔卡蒂奥或奥雷里亚诺的，冲动进取，却带有悲剧色彩。

伊瓜兰没有讲到"第二"（Segundo），因为在西班牙文中它的意思已经很明白了，不需要她另外拿出来讲。这个词等于英文的"the second"，或是更平常的用法"junior"，即"第二代"的意思。而用在这个家族的系谱中，难免就加上另一层意思——"repeat""again"的意思，更明白地说，就是"又来了"，而且这层意思应该是强过对第几代的标示。其实这个家族的男人，每一代都是 segundo，每一代都是"又来了"，同样的男人不断循环。这正是加西亚·马尔克斯借着让这个家族里男性的名字反复出现，所要传递的重要讯息。

形成强烈对比的，是小说中女人的名字。回到人物表，这回单看女性角色。最老的第一辈是乌尔苏拉·伊瓜兰。第二代叫丽贝卡、蕾梅黛丝、阿玛兰妲。第三代，桑塔索菲亚·德拉·彼达。第四代，费尔南达·德尔·卡皮奥、美人儿蕾梅黛丝。第五代，梅梅、阿玛兰妲……女人完全相反，每个人都有自己的名字，很少和别人重复。

女性角色中只有一个名字是明显重复的，那是第五代的阿玛兰妲·乌尔苏拉，她的名字中结合了第一代的"乌尔苏拉"和第二代的"阿玛兰妲"，这刚好就是我们前面提到，贯穿、见证百年家族历史的两个女人。她是一个终结者。"百年孤独"与家族历史终结在她身上，所以会有这样的名字。

这些名字全都不是偶然的，都是有道理的。女人有各自的名字，男人却一直不断套袭出现过的名字，也就套袭同样的个性与命运。

19.

《百年孤独》建立在双重时间结构上，双重时间由不同的性别来代表。男人为什么都叫同样的名字？因为他们的生命就是一直不断地重来。所以，一个阿尔卡蒂奥死了，就再来一个阿尔卡蒂奥；一个何塞死了，就再来一个何塞；一个奥雷里亚诺死了，就再来一个奥雷里亚诺。一直如此反复。那样的生命从某个意义上看像是轮回，一种无聊得近乎悲壮的轮回。相对地，读到一个女性名字，那个女人就清楚地跳出来，每个女人都是独特的角色。就算两个女人都叫蕾梅黛丝，但其中一个就加上了"美人儿"的固定称号，成为美人儿蕾梅黛丝，我们无论如何不会把她和另一个蕾梅黛丝搞混。

每一个女性角色都清清楚楚、明明白白。阿玛兰妲就是阿玛兰妲，她一出现你就知道，她又要谈一次恋爱，爱上一个人然后再拒绝他。伊瓜兰更不可能混淆，她就是那个妈妈，后来变成祖母，变成永恒的女族长。你会搞不清楚布恩迪亚到底是老的那个还是小的，或是更小的，可是你绝不会认错伊瓜兰，她就是她，她和阿玛兰妲几乎就是永恒时间的代表。吊诡的"永恒时间"，她们都不断在老化，可即使老化了，她们的生命不会终结，她们一而再、再而三地目睹她们的男人做同样的事，一而再、再而三地和她们的男人发生同样的关系。

《百年孤独》写于二十世纪六十年代，在一九六八年出版，加西亚·马尔克斯当然没有办法预见后来西方思潮与文学潮流的重要演变。他不会知道七十年代之后波澜壮阔的女性主义运动，以及众多女性主义的思考与主张。然而今天经历了女性主义、"女性书写"潮流洗礼后回头看，《百年孤独》竟然在女性主义崛起之前，已经放置了许多可以和后来的女性主义观念对话的内容。

女性主义者如依利加雷[1]或西苏[2]，她们最在意的一件事，也是她们重要的贡献，就在于建构"女性书写"。她们

1　吕西·依利加雷（Luce Irigaray），法国当代哲学家、精神分析学家、语言学家。

2　埃莱娜·西苏（Hélène Cixous），法国当代小说家、戏剧家、文学理论家。

成功地主张了"女性书写"或"阴性书写",那并不单纯是出自女人手笔的东西,而是在形式或精神上,具备着与过去强势、主流的"男性书写"很不一样的特质。有很多女人的作品不是"女性书写",她们自觉或不自觉地被迫以男性定义的方式在写作,只能将她们的"女性特质"藏在表面迎合男性价值的文本之中,以弦外之音(sub-text)的方式存留。像乔治·桑,刻意作男装打扮,又刻意以男人的名字写作;还有乔治·艾略特,躲在男性化的笔名后面,不让人家知道她是个女人。女性主义者持续挖掘,而且愈挖愈多、愈挖愈深,看看那些主流的书写价值中,到底有多少东西是和性别有关的。这套与性别密切相关的书写习惯、书写价值,或者直接说书写霸权,在女性作者手中产生了一些什么样的变化?她们进而建构了一套关于"女性书写"的复杂且细腻的论述。

女性主义者讨论"女性书写""阴性书写"时,经常提到"阴性时间"。为什么会有不同于男人的"女性书写"?关键因素就在于女性的身体带来了不同的女性时间感受。女性生命中有一份切身的循环经验,是男人永远不会有,永远无法体验的,那就是月经,更重要的是月经所带来的一种崩坏、再生、期待、孕育到重头来过的循环。

女性主义者，尤其是法国的女性主义者，提出了许多文学、书写上的证据。在女性的笔下，时态很自然地被混淆了，乃至于失去了原本文法上预设的线性时间性质。那是"阴性书写"重要的印记。女性活在一个不断反复、周而复始的时间环境中；相反的，男人就是拼命往前冲，有起点也有终点，由起点朝终点去，冲到了终点就一切结束了。男人的时间是线性的，因而男人所见所经历的，都必须置放进这个线性坐标里，和过去及未来相比较。女性的时间没有起点也没有终点，一直不断地巡回，她们会看到不同的风景。

女性主义者这样的性别时间主张，和马尔克斯在《百年孤独》中所建构的恰好相反。马尔克斯当然不是一个女性主义者，他绝对是一个大男人，但这个大男人在碰触女性爱情时，有他可爱的地方。很难有别的男性作者，甚至也不容易找到几个女性作家，可以写出阿玛兰妲这样的角色。如此激烈的爱情与欲望，激烈到以拒绝自己欲望的满足作为爱情最纯粹的形式。她只拒绝她爱的人，她必定拒绝她爱的人。

加西亚·马尔克斯还有一部重要的作品叫《霍乱时期的爱情》，写了绵延几十年、近乎天长地久的爱情。那又是一个不合理却让人不能不感到震撼的故事。这份爱情有一种特殊效果，可以把所有不相信爱情、硬心肠的人予以软化。读者会被软化，因为小说里的角色已经先被软化了。加西亚·马尔克斯写出了一部很软很软，而且具备高度软化力量的小说。还有我自己很喜欢的短篇小说集《异乡客》，读了你就明白这个人心中其实是充满柔情的。

《百年孤独》小说里的两种时间感，与其说挑战或否定女性主义者的"阴性书写"主张，还不如说是从不同角度补充，甚至是证实了女人的强度。《百年孤独》里铺陈的男人的循环时间，从另外一个角度看，正是来自线性时间必然造成的颓败。男人无法在自己的生命历程中返回原点。他的原点是什么？他的原点就是他的身份（identity），就是他的名字。一个阿尔卡蒂奥从这里出发，冲出去了，他不会回来了，一直冲冲冲，到对面的点上，就噗地没了。只能从原点再长出另外一个阿尔卡蒂奥，咻地顺着前一个阿尔卡蒂奥的路再跑出去，噗地又没了。

何塞、阿尔卡蒂奥、奥雷里亚诺或布恩迪亚的一再重来，是男性线性发展产生的一种虚幻。正因为你永远回不到原点，所以你就只能出生、茁壮、衰败、死亡，再由下一代、别的男性重新来过。女人就不是这样。女人的生命有着奇特的韧性，她永远在那里。伊瓜兰永远在那里，阿玛兰妲永远在那里，接纳领受了一代又一代男人从外面带回来的挫折、悲哀、伤害。她们为什么能够承受？因为她们的时间本来就无始无终，所以她们可以承受。她们比男人更恒久，比男人更坚韧，比男人更强悍。

20.

表面上看，或肤浅地看，女性留在家里，是旁观者，男性出到外面，是行动者。的确，所有的事件都是男人弄出来的。男人很忙啊！看看布恩迪亚上校，发动三十二次战争，在这过程中，还生了十七个私生子，而且照他自己的认知，应该还有好几倍连他自己都不知道在哪里的私生子。男人一直在动，永远都在行动，小说里如此记录了，但小说家却给了这些行动者类似、重复的名字，读得我们头昏眼花，到后来都搞混了。

搞混了，分不清哪件事是哪个男人做的，恐怕不是我们读者的问题，而是加西亚·马尔克斯设计让我们掉下去的陷阱。头昏眼花混淆了，结果是：我们不会视任何一个男人为 hero。hero 这个词有双重意思，是"英雄"，也是戏剧或小说中的"主角"。不管是英雄或主角，都必须有突出的个人性或个别性（individuality），和别人显著不同的特性，然而布恩迪亚家族的每一个男性都像是其他男人投胎转世，甚至只是其他男人的重叠幻影而已，他们要如何当英雄、当主角呢？

男人的行动混淆了，我们就能进一步体会：究竟他们做了什么？从一开始加西亚·马尔克斯就决定了，这些男人不是真正在行动，毋宁是沉溺在自己的行动幻想里，他们才是真正的幻想者。只不过他们的幻想用行动作借口撑持着，以至于他们无法体会自己在幻想的事实。

为什么说"从一开始就决定了"？回想一下小说的开头，那个如此迷人的开头，老布恩迪亚认识了这个世界，有一天他发现了，地球和橘子一样是圆的。他觉得自己很了不起，竟然发现了这件事。因为相信地球是圆的，他就打算一直往东走，绕地球一圈。往东走不方便，改而往北走，结果陷入了丛林中，找了半天都找不到路。闯啊闯，闯到了海边，看到一个通通被水包围的鬼地方。然后他回来了。

我们不该忘记他这次冒险行动。老布恩迪亚是马孔多的领导，他带着人去冒险，然后迷路了，没有真正找到外面的世界。终究是谁让马孔多和外界取得联系的？不是老布恩迪亚或布恩迪亚上校。是后来阿尔卡蒂奥跟着马戏团走掉了，妈妈伊瓜兰跑去追他，在失去音讯很长一段时间后回到马孔多时，才把外面的世界给带进来了。老布恩迪亚找不到的路，伊瓜兰找到了。这两人间最大的差别是什么？老布恩迪亚象征、代表布恩迪亚家族所有的男人，他们都幻想自己在行动，可是幻想远比行动重要，或者说幻想本身才是让他们耽溺的，是他们活下去的动力，而不是行动，更不是行动所带来的结果。他们行动的结果要么少得可怜，要么暧昧可疑。

布恩迪亚上校一辈子在行动，经历三十二次战争，面对过行刑队，有一次被下毒，但是没有被毒死。这些反复的叙述，意味着什么？他的功勋与成就吗？应该不是。这些叙述其实更像是给读者的检查表（check list），可以在每一项行动后面画一个方框，一项项检验其成果，有成果的打钩，没成果的打叉。咦，怎么那么多叉叉啊！

他最大的功绩，真正最了不起的作为，不是挑起战争，那三十二次战争其实都不算数；他终于让我们觉得他不失为一个勇者的行为，是他接受了马尔克斯上校的想法——战争是没有意义的，所以我们这些挑起战争的人，应该去终结战争。这个时候的布恩迪亚上校是最光辉的、最勇敢的，因为他面对自己行动的幻想，称之为幻想，而不再称之为行动。他最堕落的时候，是作为一个残暴的统治者，把所有的幻想都看作行动，以革命行动之名去做尽一切坏事的时候。

布恩迪亚上校老了之后做什么？他做小金鱼，反反复复做了再摧毁，做了再摧毁。这不是简单的英雄末路，曾经有过辉煌功绩的人老了退休了，没事找事做。小金鱼是他一生的整体象征。他过去所做的每一件事情和后来做小金鱼是完全一样的，不管做的是什么，都是做了又摧毁，再做、再摧毁。

It comes to nothing！小金鱼甚至不只是布恩迪亚上校的象征，还可以扩大为整个布恩迪亚家族男人们的象征。他们全都沉溺在对行动的幻想中，依靠对行动的幻想，错觉自己做着、成就着而活着。可是到后来，他们的生存都覆盖上了一种幽灵般的空虚，如同幻影。因为他们的行动是假的，因为他们的行动本来就是幻影，他们的行动方生方灭，留不下什么。对照那些在旁边观看的女人，她们没有什么行动啊，但有极少数的例外——像是伊瓜兰离家那一次——告诉我们，她们反而具备了强烈的行动企图。伊瓜兰要行动，就会得到结果。她这个人是不允许行动没有结果的，她没有任何幻想。伊瓜兰没有幻想过任何事。这些女性在一旁观察、见证，因为有她们的观察，因为有她们的见证，曝显了布恩迪亚家族这些男性成员无从掩饰逃躲的空幻。

《百年孤独》写的是漫长时间中一个家族的发展变化，经常被拿来与"萨迦"[1]（Saga）相提并论。萨迦写的是家族中一代又一代的丰功伟绩，每一代都对家族的壮大有所贡献。其叙述当然是从第一代滔滔往下讲，不会像《百年孤独》那样跳跃。不过其实我们也大可以对《百年孤独》做一番整理，将书中各代的时序排列出来，再以萨迦的精神整理每一代对这个家族的贡献，例如说：第一代老布恩迪亚是一个追求知识的人，一个冒险的人。因为他追求知识，因为他冒险，所以他能够带出第二代布恩迪亚上校——一个有原则的、愿意为人民牺牲的战斗者。因此而有了第三

1　属于小说门类的一种。此类作品具有浓厚的历史意味，故事背景往往设定在变动剧烈的历史时代，叙述多以一位主角或一个家族为中心主轴，以其经历铺陈过去的社会面貌，牵引出复杂的人物纠葛。

代、第四代。每一代都有他的成就，每一代都承袭了上一代某一些好的东西，并把它发扬光大。这样就写成了一部萨迦。

可是我们知道，加西亚·马尔克斯不是这样写的。他写的家族故事和萨迦有着根本的差异，最大的差异就在于那些女性角色。所有事情发生时，都有女人在观察，在见证，在记忆着。第六代的男人或许想说："我前面的这些祖父曾祖父高祖父树立了多少典范啊！"但他说不出口，他甚至无法如此相信，因为那个第一代的高高祖母还活着，还在持续记忆着。她会毫不客气地说："你别在这里放屁，明明就不是这样！"女人是见证者。她们不是来见证男人的丰功伟绩的，而是诚实地见证了男人的虚幻、男人的徒劳。

男人的时间和女人的时间，这样的双重结构撑起了这部小说，也带出了许多值得读者一边读一边思考的题目。例如：加西亚·马尔克斯不会也没有将这双重结构写得跟我讲的一样机械、简单，一边是男人的时间，另一边是女人的时间。在这个架构上，有着各式各样的扭曲变化，让男人的时间穿透进女人时间，有时候回头让女人的时间去破坏男人时间。我们可以在文本中找到许多或有趣或惊人的时间感交错之处。

又例如：抱持着不同时间感的男人和女人，如何产生他们的感情、心灵与肉体关系？也可以换一个方式问：男女之间的关系，爱、性与亲族，放进这种二元时间架构中，会发生什么样的变化？《百年孤独》里写了很多性与爱，那都不是为了娱乐读者，增添小说可读性的，而是有其本身重要、近乎庄严的意义。

21.

我看过一个中文译本，封面上最大的字当然是书名，然而次大的字，却不是作者的名字。有两行字更大更醒目，显然出版社觉得这两行字对读者而言，号召力胜过作者。一行挂在作者的名字上面，是"一九八二年诺贝尔奖得主"；还有一行，在书名底下，是"空前畅销的现代文学杰作"。

"空前畅销的现代文学杰作"，虽然是宣传用语，但难得的是，这同时也是事实。从一九六八年出版至今，这本书在全世界至少卖了五百万册，当然是超级畅销书，而且还是个诺贝尔文学奖得主写的书！

　　长远来看，很多现代经典销量都超过五百万册，《资本论》《梦的解析》《物种起源》《卡拉马佐夫兄弟》《战争与和平》，一定都超过这个数字。重点在于《百年孤独》出版当下创造的热潮，它不是费了一百年时间卖了五百万册的，而是一出版上市就变成大话题，立刻成为百万畅销书。

　　这样的畅销程度，不是小说本身的内容可以全然解释的。好的、伟大的作品可以单靠自身的力量创造一种永恒的价值，但它无法独立地创造流行（popularity）。短时间内就在一个地方卖了超过百万本的书，其背后一定有社会性的理由，将一本书塑造成一个现象，甚至一个运动（movement）。

　　读《百年孤独》，我们应该同时关注"二十世纪中拉美时代的兴起"或"二十世纪中拉美时代的到临"，这样的特殊历史背景。在中国，"文化大革命"结束后一段时间，"伤痕文学"冒出头来，随后经历了改革开放，到了二十世纪八十年代中期，竟然掀起了一波壮阔的文学浪潮，产生了许多让人眼前一亮的作家与作品。

　　"后文革"时代的文学成就，很大程度上在于走了一条"中国式魔幻写实"的道路，再往前推，也就在于中国受到了"拉美时代"的冲击，引进了拉美文学的养分，所以能够找到"魔幻写实"的技法，运用"魔幻写实"来写既荒诞又惊悚的"文革"经验。

再看看美国。二十世纪八十年代后期，我到美国留学，去到美国顶尖的学术书店，一定可以找到三个书架是和拉丁美洲关系密切的——在人文区，会有一架摆放着"解放神学"（Liberation Theology）的书；在社会科学区，会有一架摆放着"发展理论"（Development Theory）或是"依附理论"（Dependency Theory）的书；在文学区，会独立出一架，标示着"魔幻写实"（Magic Realism）。

这三样东西，都来自拉丁美洲，而且彼此扣连。正因为有这三股思潮先后在拉丁美洲涌动，在马尔克斯写出《百年孤独》之前，就帮拉丁美洲的知识界，甚至一般阅读大众做好了准备。《百年孤独》的出现，刚好击中了这波思想潮流中几根最敏感的神经，乘着这波浪涛，《百年孤独》立时畅销。因而，要解释这个现象，就不能不稍微回溯谈谈二十世纪五六十年代为什么会有"拉美时代"的到来，构成"拉美时代"的几个思潮到底是什么？彼此之间又有什么样的关系？

22.

让我们稍微拉开一点距离，从一九五三年讲起。一九五三年斯大林去世，经过一番斗争，赫鲁晓夫上台。赫鲁晓夫上台后没多久就开始清算斯大林。通过以色列的情报部门，他的秘密报告被透露到西方。

赫鲁晓夫清算斯大林，将斯大林统治时期一些颇富争议的手法予以披露，对西方左派产生的打击，可能胜过在共产党阵营内的影响。自从一九一七年苏联革命之后，欧洲与美国一直有一个左翼的知识分子传统，这些知识分子深信苏联革命建立的共产社会，展现了未来人类世界的一种可能性，并借苏联的经验来对照批判西方体制。

例如说英国小说家 H.G. 威尔斯曾经去访问苏联，见到了斯大林，斯大林跟他说了一大串苏联的优点。平常在英国那么聪明那么机灵的威尔斯，竟然耐心、专心地听完了斯大林的话，点头表示认同，说："贵国的确很好，唯有一个小问题，在你们这里好像不太听得到什么批评的声音。"威尔斯是从自由主义的立场劝斯大林：你们的社会应该宽容批评者与批评言论。斯大林立刻回应："你不要搞错了，我们的批评精神比你们的还要严厉，因为你们都是去批评别人，我们却是自我批评。自我批评比批评别人更难，自我批评比批评别人更加严格、更加难得。"这样被斯大林抢白一顿，威尔斯竟然哑口无言，点头如捣蒜。

那么聪明的威尔斯看不出这是斯大林的托词？为什么他非但没有当场反驳斯大林，回到英国后还写文章大肆宣传斯大林的"自我批评论"，认为斯大林指出了西方民主自由的一个盲点：西方认定的自由是去批评别人的自由，但真正的批判精神应该是自我批评才对，看看苏联社会人人都在进行自我批评，多么了不起！

怎么会变成这样？因为威尔斯在出发去苏联之前，就和西方左翼知识分子一样，先入为主，相信在苏联所发生的事代表了人类的未来。去苏联，几乎就是去拜访人类的未来。写《时间机器》的威尔斯当然很关心人类的未来。到了苏联，他心中无法将苏联社会和西方社会放在同样的标准下衡量，而是先入为主地以为发生在苏联的事一定是对的，至少一定是有道理的。所以他不会想到：所谓自我批评不过就是不准别人批评权威的一种借口罢了。他不会这样去想，他认定那里发生的任何事情，都会和发生在英国的不一样。

斯大林成功地维持了对苏联社会的想象，其间还经历了第二次世界大战，在几十年的时间中一直有许多西方知识分子相信：苏联社会是人类未来的指标。苏联、苏共面对西方的基本态度是：在我们这里已部分地实现了人类未来社会——共产主义社会——的可能性，多么可惜啊，你们却还活在前一个阶段——资本主义社会——腐败不义的生活里，你们为什么不也迈进来、靠过来呢？喔，原来是因为你们那些代表资产阶级利益的国家害怕这样的发展，所以他们会反对我们，也会阻止你们靠近我们。

第二次世界大战给斯大林更有利的宣传机会。希特勒发动的德国大军，那足以席卷全欧洲的巨大武力，毕竟没有打败苏联，甚至连列宁格勒的围城战都没有打赢。苏联的地位更高了。虽然第二次大战之后，形成了美苏对抗的冷战格局，然而在欧洲一直还是有众多知识分子保留着对苏联的信心。即使是来自苏联的负面讯息，他们都会将之解释为资本主义体制的丑化、扭曲，要不然就是人类为了迈进一个新的领域、一个新的境界，所必须付出的阶段性转换代价。

赫鲁晓夫对斯大林的清算、揭露，关键在于：这百分之百不是美国人在造谣、丑化苏联与苏共，而是新当家的苏联最高权力者在给大家看斯大林的统治真相。赫鲁晓夫甚至在共产党大会上公开表扬写《伊凡·杰尼索维奇的一天》的索尔仁尼琴，他要利用索尔仁尼琴和他的作品，来控诉斯大林统治时期的恶政。

索尔仁尼琴后来又写了篇幅更大、面向更广的《古拉格群岛》。"古拉格群岛"不是一个群岛，甚至不是一个地理名词，你不会在苏联地图上找到一个叫"古拉格群岛"的地方。古拉格（Gulag），是俄文"政治改造集中营"的缩写，"古拉格群岛"指的是分布在苏联境内各处为数众多的此类场所。赫鲁晓夫要利用索尔仁尼琴的作品来和斯大林划清界线。不过赫鲁晓夫后来后悔了，因为他理解到"古拉格群岛"还真有用，他还需要运用"古拉格群岛"来协助巩固、维持自己的政权。暴露了"古拉格群岛"，使得他很多事不能做了，最终导致他很快在党内斗争中下台，由勃列日涅夫接任苏共总书记。

赫鲁晓夫后悔也来不及了，他来不及挽救自己在苏共的地位，更来不及挽救苏联和西方左翼知识分子的关系。赫鲁晓夫投下的震撼太大，没有人能够再维持过去的信念，或者说，没有人能够继续这样相信而不被嘲笑。法国共产党的大分裂、意大利共产党的没落，包括英国共产党和工党之间的势力消长，也都跟这件事有直接关系。西方左派非得在这件事上采取立场不可：到底斯大林是不是个坏蛋？但这立场多难选择啊！要么自己打自己的耳光，要么继续装睡。

这样艰难尴尬的处境，逼出了重大的潮流变化——那就是二十世纪五十年代后期开始，西方左翼梦想的"在地化"。

之前西方左翼的梦想，都以苏联为依归。在国际共产党世界革命的意识形态领导下，这些知识分子思考的导向，总是如何在我自己的国家建构一个苏联式的社会主义天堂，或至少是创造通向苏联式共产主义社会的有利条件。这原本是他们共同的取径。既然相信苏联已经成功了，那么目标当然就是复制苏联革命的经验，在各国引发一场场的革命，走上和苏联一样的道路。然而，幻影破灭了。有人因而转弯、转向，彻底否定共产主义、否定左派，变成一个彻底的保守主义者。

但还有一些人跳不过去，要继续留在左派阵营，他们就必须进行自我思想改造。最重要的、大概是唯一可能的改造方向，就是停止幻想社会主义的天堂，停止让自己的国家复制革命。该做的事,是分析自己国家社会的当前状态,规划设计出超脱资本主义原有架构,朝下一个阶段去的路径。所以我将之称为"左派理论在地化"。

左翼知识分子必须觉悟:不能再照抄苏联的教条,不能再一厢情愿期待资本主义必然崩溃,所有资本主义国家都必然会经历苏联式的共产革命。他们必须换一个角度看资本主义,认真思考:为什么资本主义迟迟没有依照共产国际的预言崩溃瓦解呢?尤其是西欧的几个老牌资本主义国家,他们的资本主义早就发展到烂熟,比苏联革命发生时俄罗斯的状况,不晓得超过多少倍,为什么在这些国家没有发生革命呢?愿意如此思考的人,就开辟了另一条道路,他们将自己称为"新左派"(New Left),和"老左"区分开来。"新左"和"老左"最大的不同,就在于他们面对苏联共产党跟共产国际的态度上。"新左"不再唯苏联共产党马首是瞻,他们要走自己独立的路。

23.

一九五三年斯大林去世,接着赫鲁晓夫清算斯大林,这事件也强烈地影响了拉丁美洲。为什么呢？一八二六年开始，西班牙和葡萄牙这种老式的帝国主义殖民主，就被从拉丁美洲赶出去了。但是拉丁美洲却没有因此真正独立自主，更没能脱胎换骨成为现代民主国家。关键在于，把西班牙、葡萄牙势力赶出去的，是美国的"门罗主义"，美国要将拉丁美洲变成自己的后院。美国是没有帝国主义之名的实质帝国主义者，它以殖民主的姿态，凌驾在拉丁美洲之上。

因此，一八二六年之后，拉丁美洲的命运中就增添了一个重要的部分——反抗美国。拉丁美洲本身并不具备实力反抗美国，然而被这个恐怖的北方邻居压得喘不过气来时，拉丁美洲人民至少可以做一件事——不断地思考、设计反抗美国的可能性。思考如何反抗美国，也就必然将拉丁美洲带向美国最大的敌人——苏联，让拉丁美洲普遍对苏联产生好感、产生幻想。

正因为是美国的后院，拉丁美洲拥有众多苏联的支持者。他们支持苏联，其实并不是因为对苏联有什么真正的理解与直接的经验，而是作为对美国反感的投射，他们希望借由拉拢苏联来对抗美国。可以理解，拉美的知识分子，甚至一般民众也就自然地接受了从二十世纪四十年代后期一直到五十年代前期，对苏联刻意的梦想美化。苏联所有东西都是好的，苏联是革命老大哥，更重要的是，他们愿意相信有一天苏联会来从美国手中将他们解救出来，让拉丁美洲摆脱美国，进化到苏联般的共产主义天堂。

那个时节，拉丁美洲的人感到生活悲惨时，自我安慰的方式就是："再忍耐一下，也许有一天，我们也可以像苏联那样好"。斯大林死了，赫鲁晓夫清算斯大林，把许多肮脏、可怕的事实暴露出来，也就摧毁了拉丁美洲怀抱的这份幻想。

加西亚·马尔克斯就是经历这个变化过程的一代。他曾经去到东欧旅行，然后从东欧转入苏联，回来后，将在苏联的所见所闻写成文章。文中描述他在苏联碰到的人，每一个都很友善、很亲切，然而每一个友善亲切的人都饥渴地想知道苏联以外的世界究竟长什么样子。文中还有一句神来之笔："在这个我想象中的新世界里，一个新的天地里，到处充满了旧东西。"他在苏联人的生活中，看不到任何新东西。马桶是旧的，门把是旧的，屋子是旧的，街道是旧的。为什么想象中的新天地，一个刚打造好的天堂，所有东西都是旧的呢？他又在文中说："苏联人民平常饿肚子，没有东西吃，但光是听到政府告诉他们，火箭发射成功，他们就可以发胖。"这样的文字，与其说是"魔幻写实"的句法，毋宁更接近于反讽吧！

这篇文章发表后，几位拉美的左翼朋友，愤而和加西亚·马尔克斯绝交。这些朋友和加西亚·马尔克斯最大的差别，就在如何看待赫鲁晓夫对斯大林的清算。加西亚·马尔克斯受到这事件的影响，已经不怎么相信苏联是天堂了，所以他会如实地看到所有这些旧的、过时的东西。那些朋友没办法那么快放弃原来的信念，在他们习惯的价值观念中，批评苏联就等于在替美国人宣传，是严重的背叛行为。

但这些和加西亚·马尔克斯绝交的朋友，也不可能继续安稳地活在旧信念中。在和加西亚·马尔克斯绝交时，他们同时也必然受到了他描述的苏联现实的冲击。拉美左翼知识界弥漫着一片信仰危机的气氛，在这场信仰危机中，挣扎产生了一个新的信仰，那就是"解放神学"。

24.

"解放神学"的基础当然是拉丁美洲强大的宗教体制。

天主教由西班牙、葡萄牙人带进来，很快在当地生根，笼罩了拉美人的生活。在拉丁美洲，不只到处是教堂，而且日历都是按照天主教繁复的仪式来安排的。他们不在意今天是十二月十二日还是十三日，真正有意义的是，今天是"圣彼得日"，或"圣彼得日"后一天。日历上标记得最多的，是由教廷封圣的圣人名字和他们的生日或受难日。教会仪式规范了生活节奏，进一步定义了集体的时间感。不管左翼右翼，活在拉美社会，就必须且只能活在这样的教会时间意识中。

"解放神学"是个奇怪、矛盾的名称，"解放"是左派的固定用语，"神学"却又是最古老、最保守的一门学问。不过换个角度，从左派思想的演化过程看，我们会发现，这种矛盾其实早就埋在左派立场底下。左派追求进步、解放，看上去好像与理性、现代性紧密连结，但他们梦想的社会目标，以及构造梦想的方式，却往往极度非理性，更像是不容怀疑、不容挑战的绝对信仰。信仰本身是固定的，不容否认，只有在现实和信仰有所冲突时提供解释——这不就是传统"神学"的功能吗？

例如说，相信世上某个地方是天堂，是人类的未来，这样的信仰其实不就很像天主教的教义吗？不就将我们带往圣奥古斯丁吗？圣奥古斯丁在基督教教义上，有两大贡献。一是写了《忏悔录》，表白一个败德堕落的人如何找到上帝，从此脱胎换骨，化身为最虔诚的主教。他如此劝大家，不必因为自己现在很坏，就放弃救赎的希望，发现上帝、相信上帝，永远不嫌太晚。

奥古斯丁的另一项贡献是在他的另一部重要著作《上帝之城》中提出了"人间之城"（City of Man）与"上帝之城"（City of God）的对比。他说，人真正的归宿不是当前所在的"人间之城"，而是"上帝之城"。相较于"上帝之城"，"人间之城"是其次的、空虚的、庸俗的、堕落的，只有离开、摆脱"人间之城"，人才能进入"上帝之城"。

"解放神学"却是以"天堂不再"为前提，以"上帝之城"的幻灭为开端的一种新思考。思考方向的大转弯，当然和赫鲁晓夫造成苏联形象的瓦解有关。"解放神学"的核心意义在于重写上帝信仰的基本价值，它运用的重要手段，则是改写、重写耶稣基督的故事。

请大家跟我快速地回顾一下耶稣基督的故事，我绝对不是要在这里传教，但耶稣基督的故事一定有助于大家看《百年孤独》，尤其有助于认识其中与宗教信仰有关的部分。

基督教，不论新旧教，都以耶稣基督为中心。耶稣基督是上帝的儿子，却以马利亚处女生子的方式降生在人世。自从亚当夏娃被赶出伊甸园，人身上就带了原罪，一路堕落，和圣灵、圣体愈隔愈远。当人已经远离伊甸园时，上帝发了一次慈悲，将他的儿子耶稣基督送到人间，代替人类"无罪受难"，他是个完全无罪的人，身上连原罪都没有。任何一个人今天走出去，突然之间跌了一跤，跌到一个坑里，跌得头破血流，他可能会说："我为什么会碰到这种事，我又没做错什么！"抱歉，从基督教神学的角度来看，他没有资格讲这话。因为他是一个人，他的祖先悖逆了上帝被赶出来，就注定了他是个罪人，他在生命过程当中遭受任何折磨，都不是无辜受罪。

　　耶稣基督是上帝之子，这个身份最重要的就是保证了他完全无罪。然而上帝把他的儿子送到这个世界来，他完全清白、完全无罪，却受了这么多折磨，折磨到他几度呼喊他天上的父："你为何如此对待我？"耶稣不是因为自己受难，而是为了给世人一条重回伊甸园、重寻救赎的道路。"无罪受难"是洗涤，是升华。

　　当然不是说耶稣基督被钉在十字架受难之后，人就通通可以回到伊甸园，没那么容易。而是说，人类的历史本来是从亚当、夏娃、亚伯拉罕一路往下，愈来愈堕落，一直堕落到上帝三次发天火，将人类全部消灭。可是因为有耶稣基督的这段插曲，人的堕落暂止，悬在中间。人的行为好坏，要等待最终的审判日宣判。

因为有耶稣基督，部分的人可以上升，最终审判日时，重获至福。这是基督教的核心。为什么要信奉上帝，为什么要祈求主耶稣，都在这里找到根源理由。如果没有耶稣基督，人类全体都没有机会；有了耶稣基督，人便多了一个选择，信耶稣基督的人走一条和原本不一样的路，走到尽头，那就进入了"上帝之城"。

十九世纪的神学研究，有"小诠释学"和"大诠释学"。"小诠释学"是诠释《圣经》的字句。这个句子怎么来的？各个句子之间有些什么语言学的（philological）字义字源上的关系？是文字语言考据上的诠释。"大诠释学"则诠释《圣经》各个部分中看起来冲突、矛盾的地方，它的使命是将《圣经》诠释成一个整体（totality），完整完足，彰显内部无瑕、外部无缺的神圣意义。

"大诠释学"的使命没那么容易达成，因为《新约》的"四福音书"都是记录耶稣基督事迹的，其中还有描写同一件事而说法却明显不同的情况。谁对谁错？"大诠释学"的前提是不能否定《圣经》，如果说《约翰福音》对，而《马可福音》不对，岂不就否定了《马可福音》的内容吗？所以通常拿来应对差异的解释是——不同的人在耶稣身边会看到不一样的面向。

然而这样的解释，很容易引向"历史诠释法"，提醒着人们，耶稣基督的生命，是一个历史事实。既然是历史事实，那么除"四福音书"作者所提供的记录之外，我们不就还可以找到其他相关的历史材料与历史见证吗？

到二十世纪，这个取径进一步发展成"历史神学"和"圣经考古学"，要以历史考据及考古资料去重建耶稣基督的生平。从历史的角度看，公元前一世纪的确在拿撒勒地区出现过一个木匠的儿子，他在那一地区的犹太人中间有很大的影响力。他成了犹太人的领袖，带领犹太人反抗罗马统治，后来被犹太同胞背叛了，被罗马人抓去钉死在十字架上。

"解放神学"改写耶稣基督故事的重点，就在十字架上的受难意义。以往的神学强调耶稣基督"无罪受难"，却从来没有认真追究上帝为耶稣基督选择的受难形式。耶稣受难来救赎所有人的原罪，他可以有千百种受难的方法，最终却是被钉十字架而死，而且《圣经》中特别描述，他在两个小偷中间被钉十字架。耶稣基督明明不是盗匪，罗马人却刻意要将他和小偷摆在一起受刑。

如果只在意"无罪受难"，那么耶稣基督是一个什么样的人，他过什么样的生活，有什么重要的吗？他受的是什么样的折磨，为什么受折磨，有差别吗？"解放神学"就从问这些问题开启其端。得到的第一个答案：耶稣基督为何受难、如何受难，当然有差别。人们在崇奉耶稣基督时，不可能只因为他是上帝之子，只因为他身上的种种奇迹。不，人们相信他追随他，还有其他的原因。

因为他是作为人民的领袖，领导人民反抗强权才受难的。"解放神学"申言，不能放掉这个重点，这里藏着上帝的设计、上帝的意旨。上帝刻意让耶稣基督成为人民的领袖，让他反抗强权，帮助人民、解放人民，这是他真正的角色，最重要的特质。拿掉了这个特质，他"无罪受难"的意义将大打折扣。如果他到世间来，走在路上就被一颗石头压住了，没有人知道，没有人救他，在石头下受尽折磨后丧了命，那也还是"无罪受难"，但意义怎么可能一样！如此看来，耶稣基督受难的重点在于"为人民、为了解放人民而无罪受难"，不只是"无罪受难"。

"解放神学"理论的出发点，是将耶稣基督"无罪受难"这件事"历史化"。他们看到的耶稣基督，是公元前一世纪拿撒勒地区的革命领袖，这个革命领袖的身份和他作为上帝之子的身份同等重要，缺一不可。光凭上帝之子的身份，光凭他能够死而复活，成就不了耶稣基督，不会有那么多人衷心信仰他。

耶稣基督用什么方式解放人？以前的信仰专注在"无罪受难"，同时强调相信耶稣基督的人，未来可以得救，进入"上帝之城"。以前的信仰将耶稣基督复活视为一种证明手段，是为了取信于人，让人信服他真的是上帝之子。人类经验中无法靠人力超越的绝对经验，就是死亡。借由复活，耶稣基督证明了他和大家都不一样。你还能讲什么？你还能怀疑他是一般人吗？复活证明了他的确是上帝派来的。

"解放神学"却要重讲这个故事。一部分的原因是发展"解放神学"的这些人，生活在拉丁美洲的宗教环境里。我们前面说过了，这是个生活中充满神迹的环境，看《百年孤独》就可以感觉到那种不觉得死亡是不可逆的特殊气氛。死人和活人之间没有那条绝对的界线，因而对他们而言，复活不足以将耶稣基督区分出来。他们听过多少言之凿凿的故事讲述这个圣者、那个圣者死而复活，复活并不是耶稣基督的专利。

依照"解放神学"的重述，耶稣基督复活的意义在于彰显他对这个世界的爱，以及他对这个世界的留恋。否则，他为何没有选择其他方式，例如飞天，例如以巨火焚城来证明自己的超越身份，却选择了在这个不义地对待他、钉死他的世间复活呢？他明明在这个世间受到了最屈辱的对待啊！第一，他绝对可以选择不要回来；第二，这世间应该是他不想再临的一个地方。作为上帝之子，却在这里被误会、被折磨，以羞辱的方式被钉死在两个小偷之间，他应该恨透了这个世界。

耶稣基督复活不只是显示他的博爱，更显示了：真正最重要的，是如何在这个世界上寻求解放。这不是"上帝之城"的遥远美境，而是在"人间之城"实践的追求，否则耶稣基督没有道理要在世间复活。

借由对耶稣基督故事的改写，"解放神学"建立了一套现实的、入世的、在世的神学。依照"解放神学"，真正虔信耶稣基督的神父，都应该效法耶稣基督的精神，成为革命领袖。"上帝之城"的重要性低于"人间之城"，不然，可以回到"上帝之城"稳坐宝位的耶稣基督也就不必在"人间之城"复活。耶稣基督要的是此世的解放，这是他念兹在兹的目标。若只是要劝世人悔改去"上帝之城"，他大可不必带领犹太人反抗罗马人，更不需要在做了这些事之后还要复活回来。

"解放神学"逆转"上帝之城"和"人间之城"的重要性，潜在的目标与显著的效果，就是让拉美知识界从对苏联的幻想中清醒过来，和西方的知识分子一样，开始进行自己左翼思想与左翼理论的"在地化"。一旦要"在地化"，那么就引导出另外一个根本问题——什么是解放？要从什么样的力量、制约或枷锁中解放出来？这个部分，"解放神学"受限于神学理论，并没有提出最精彩、最好的解释，不过借由"解放神学"的刺激，另一个被开启、诱发的重要思想潮流——"依附理论"，接棒给出了答案。

25.

"解放神学"正式提出"解放"的诉求，耶稣基督带领犹太人追求从罗马的恶政统治中解放，那么现实中，要解放拉丁美洲、解放拉丁美洲的人民，就得先弄清楚：压迫拉丁美洲社会与人民的，到底是什么？在这方面，"依附理论"走得比过去所有的革命理论都更远又更近，因为它坚决以拉丁美洲的特殊处境为理论依据，而不是去套用某种普遍的原则。"依附理论"将压迫者的形象，按照拉美的现实做了重大修正。

一讲到压迫，我们马上会想到权力，想到权力者——独裁者、政府、国家。当然左派人士还会多想一点，想到帝国、帝国主义、帝国主义强权。在这方面，"依附理论"很诚实地面对拉丁美洲历史发展上的两大特点。

第一，拉丁美洲很早就没有了直接的旧式帝国主义强权压迫。十九世纪初期拉美的国家就纷纷独立了，一八二六年之后，西班牙、葡萄牙都已经离开了。拉丁美洲不再是殖民地，没有什么帝国殖民主压在它们上面，也没有帝国派来的总督统治它们。帝国殖民主早已离开了，那么还要"反帝"吗？要如何"反帝"呢？印度可以坚持"反帝"，因为印度到一九四七年才独立，一直有明确的大英帝国在压迫印度人民，从印度直接取得利益，同时把印度人当作殖民地的次等人。但拉丁美洲明明就不是这样的。

第二，如果说压迫的来源是国家，那么拉丁美洲国家百年来一而再、再而三透过政变、内战等方式改变了国家的政权，换了各种不同政体，或换了更多不同出身、不同

124

信念的统治者，但为什么人民就是摆脱不了被压迫的处境呢？

针对这样的特性，"依附理论"调整了论理方向与分析单位，将焦点从传统帝国主义的强权结构移开，也不以国家为单位，而是将拉丁美洲当作受压迫的单一对象，分析拉丁美洲如何长期受到美国资本主义的统治。

"依附理论"是一个泛拉美的大理论，直接指明拉丁美洲之上的压迫者就是美国。可是美国人并没有统治拉丁美洲，没有派总督到拉丁美洲，也没有派军队到拉丁美洲。美国人在哪里？美国人的强权压迫在哪里？藏在它的跨国公司里面，藏在它的资本运作中，那是一种经济殖民主义。

对这样的论点，美国人一定觉得很冤枉，他们会说：多么忘恩负义！十九世纪以来，美国在拉丁美洲花了多少钱进行投资，大部分拉丁美洲城市的基础建设都是靠美国的资助或借款才完成的。在拉丁美洲现代化过程中，如果抽离了美国跨国公司的因素，拉丁美洲本身能做多少？明明是美国促成拉丁美洲发展的！

"发展"，重点就在"发展"，尤其是经济发展。没有人能否认拉丁美洲的经济发展很大一部分来自美国的资助。那美国应该是拉丁美洲的恩人，怎么反而被指控为压迫者呢？因为在美国资助下，拉丁美洲进行的是一种"依附发展"，拉丁美洲的经济发展，只能在"依附"美国的情况下进行。

一个核心的概念，叫作"无成长的发展"（Development without Growth）。在接受美国资助的情况下，没错，经济基础结构现代化了，经济数据是向上走的，但这样的经济发展不是真正的成长。发展和成长如何区分判断？一个简单的标准就是，谁拿走了经济发展的所得。美国的资本进来帮忙修了铁路，是的，没有美国的资本，哥伦比亚不可能建造起这条铁路。这是进步，是经济上的发展，但修这条铁路的目的，是为了将哥伦比亚沿海的香蕉园串连起来，方便进一步将香蕉园的利益送到美国去。这样的发展，是为了美国的经济成长，而不是为哥伦比亚的经济成长设计的。

另一个核心的概念是"资源的错置"（Mislocation of Resources）。因为是从美国经济成长的角度来开发拉丁美洲，在这过程中，拉丁美洲的资源配置就不是以提供自身经济成长为原则的，本来可以更有效的资源运用，会因为对美国来说无利可图而被搁置；相对地，一些对拉丁美洲本身来说缺乏效率的资源配置方式，却会因为对美国有利而被采纳。这中间必然牵涉大量的浪费。

我们可以用一个简单的比喻，说明"依附理论"的基本分析架构。假使在一个街角有一台自动贩卖机，每次你去买东西，投进钱之后，它都是一次"乓乓"掉下两瓶饮料，而不是一瓶。隔壁的自动贩卖机，丢钱进去，只有"乓"，掉一瓶饮料下来。请问，这台自动贩卖机好不好？

如果光从看得到的来说，这台给你的是别台的两倍，那当然好，好得不得了。但且慢，别急着下结论，再想一下。我们好像忘了一件事，或说我们忘了检验一个前提——为了得到"乓乓"两瓶饮料，我们究竟投了多少钱进机器里呢？检查后才发现，哇，原来我们投进了平常机器所需费用的五倍。花了五倍的钱得到"乓乓"两瓶饮料，那这还是一台好机器吗？

从"依附理论"角度看到的拉美经济发展，就像这样一台贩卖机。单看所得到的，是啊，比以前那台机器生产出来的多，有发展有进步。美国人要你看到且只看到"乓乓"掉下来的两瓶饮料，却不告诉你、不让你看到，为此到底付出多高的代价。美国人没来之前，拉丁美洲的经济机器一次只能挤出一瓶饮料。美国人来了，才有一次掉两瓶的过瘾现象。但这样一台机器，在掉两瓶饮料下来前，却已经先榨取了五倍资源，然后还你两倍结果。划算吗？

铁路、公路、港口、码头、工厂……都是为了得到所投入的机器的五倍资源而设置的工具。进一步看，甚至连独裁的政府体制，都是同样性质的工具。还是用自动贩卖机的比喻，旁边那台机器投十块给一瓶，你面前这台却一定要五十块然后给你两瓶，你想要那两瓶饮料，但实在没有五十块，怎么办？来了一个彪形大汉，勒住你的脖子，把你的衣服剥下来拿去当，抢走你一半的晚饭，还给你一把扫把，扫一小时地给你两块钱工资，终于挤出五十块来，丢进机器里。没有那个彪形大汉这样掐着你的脖子，不会有这五十块，至少你不会愿意这样去弄五十块来放进贩卖机里。

为了挤榨出这么多的资源，就必须有一个机制来压迫人民，强迫将原本要用在别的地方的资源都放进这个系统里，产出美国需要而非拉丁美洲社会需要的经济活动。资源被扭曲错置了，而且必然带来"政府买办化"，甚至"国家买办化"的政治现象。

"国家买办化"和"政府买办化"不完全一样。所谓"政府买办化"意思是说，统治者要取得统治权力，维持在权力位子上，先决条件是能够只迎合美国要求，帮美国人来榨取自身人民的资源，唯有这样的人才能当统治者。这是"政府买办化"，拉美国家的政府纷纷变成美国公司的代理人。

那什么是"国家买办化"？为了维持这样的统治与经济榨取机制，美国的势力除在政府中扶植它的代理人之外，还会刻意在社会中培植买办阶层，分沾利益，让买办阶层成为"无成长的发展"中的受益者，进而让他们对社会实行愈来愈有效的控制。

举例说，假设十年的经济发展，总共创造了一百块的总财富，可能只有二十块留在哥伦比亚，哥伦比亚本身能成长到哪里去？而且美国又会刻意去塑造、经营一个阶层，让这个阶层拿走这二十块当中的十二块。于是，第一，这个买办阶层的利益和美国的利益息息相关，美国拿得愈多，他们也就跟着拿得愈多。他们会卖命地帮美国做事。第二，这群人还可以扮演起消费现代产品的经济角色。

如果将这二十块钱，平均分给哥伦比亚的每一个人，每个人手中都只有一点点钱，那就意味着没有一个人买得起美国制造的电冰箱，也没有人搭得起飞机去美国旅行。相反地，如果将财富集中在少数人手里，这群人就有足够的条件去消费美国制造出来的东西，把这些财富又以进口消费的形式送回美国。这是多一层的挤榨剥削。借由这样的多重机制，最后再算一下，表面上看起来有一百元成果的经济发展，最终对哥伦比亚真正有意义的集体财富，可能只剩下八块钱！

哥伦比亚人真的应该额手称庆，真的应该感谢"帮助"他们发展的美国势力吗？不管口头上是怎么说的，事实是：美国从来没有要"帮忙"，他们是在"领导"拉丁美洲发展。这种发展，是"不自主的发展"，拉丁美洲没有自主决定权，只能依附于美国的资本利益，变成了人家的工具。

"依附理论"谈的就是经济上的"依附发展"所带来的种种影响。"依附理论"从经济现象出发，但其分析范围却不限于经济。例如，要将拉丁美洲国家绑在这样的"依附关系"上，当然就牵涉到意识、心理层次的操作。再借用一下自动贩卖机的比喻——明明是被勒着脖子把财产和劳力拿出来投入机器里，这样被痛苦压榨，人却不反抗，反而只看到那掉下来的两瓶饮料，就感到欣慰快乐，这样的意识、心理又是怎么来的？这就不只是经济层面或政治层面的，而是所谓"意识荒谬性"的问题。人怎会忘掉自己被人家欺负的经验，还回过头来感谢欺负他的人？

26.

对于"意识荒谬性"的反省，在"拉美时代"的思想潮流中占了很重要的地位。他们反省的一个重点是进步与发展的神话。这是什么样的"神话"？今天比昨天好，叫作进步；明天比今天坏，就叫作退步。然而在"进步的神话"中，进步本身被绝对化了，让人先入为主，相信明天一定会比今天好，后天一定会比明天好，用这种方式暗中消解了人判断进步的基础与能力。这是个了不起的欺瞒，当一个人已经相信时代总会进步，明天会比今天好，他可以过得很快乐，每天早上一醒来，第一个念头就是"我活在一个比昨天好的状态中"，自然就充满了干劲。进步成了一个信仰，而不是一个有待判断决定的现象。人考虑的不是"我昨天赚八块钱，那么今天能赚多少呢"，而是每一天都自动把昨天的八块钱抛在后面，相信今天一定更好。

我们应该从这个背景进一步理解为何《百年孤独》及其他同时代的拉美小说都很在意时间。因为时间不是一个简单、客观的现象。对思索"解放神学"和"依附理论"的人来说，时间是一种被操弄的信仰，一个被操弄的意识形态。美国资本、国家买办与买办政府联手要人们相信进步，相信一种线性时间的变化。在那条时间线上，每一分每一秒的消逝都意味着又有了新的东西，而且新的一定比原来旧的更好。

马尔克斯书写了一种非线性的时间，而且马孔多在时间中转啊转，逐渐转成了一个废墟。马尔克斯要做的，就是挑战美国带来的幼稚单纯的线性时间，那明天总是会比今天进步的诈骗信念。读《百年孤独》，没有人会觉得这是一个进步、发展中的社会，我们留下的印象是：所有发生过的事情一直不断地重来。时间怎么会是线性地朝进步方向走的呢？时间一直在绕圈圈。拉丁美洲的人们，活在冲突的时间意识里，一边是别人灌输的线性进步时间，另一边则是自己身体感受的不断重复再来。他们在《百年孤独》中读到了加西亚·马尔克斯的处理方式，很感动小说中将他们的矛盾写得如此真切。

要操弄人的感受，让他忘掉被欺负的过程，只看到美国资本带来的发展，另一个重点就是要找出方法来对付人的记忆。操弄、扭曲集体记忆，是二十世纪在统治技术上的巨大突破。在二十世纪之前，再强悍、残暴的暴君都从来没有操弄过人的记忆，二十世纪新兴的极权主义政权却完成了。事实上，正是靠这套控制感觉、控制记忆的技术，极权主义才成为极权主义。

统治者用国家的力量，涂抹掉一段共同的经验记忆。明明发生过的事情，大家一起忘了，因为别人都忘了，以至于还记得的人，也随而怀疑自己的记忆。原本我们的亲身经历有其"先行性"，比听来的、读来的更深刻、更难遗忘，但是在受到记忆操弄的社会里，人却被弄得再也搞不清楚自己经验的界线到底在哪里，什么是我真正经验的，什么不是。我要怎样确认我以为自己经验的，是真的，是不会被否定掉的？

这样的荒谬冲击，进而影响了小说的叙述。尤其是西方写实主义的叙事建立在一个前提上：我写出可以被经历的现实。写实的基础，当然是作者本身的经验，据此他来吸收、想象别人的经验。如果一个作者失去了判断自己经验真实性、现实性的能力，教他如何写实？他根本找不到现实的界域，又怎么开始描述呢？

这也就是"魔幻写实主义"的另一个历史缘由。"魔幻写实"是魔幻与写实的复杂辩证。

27.

　　进步的神话以"拟真"的方式建构，运用种种宣传与意识手段，让人觉得自己"真的"活在一个持续进步中的社会。进步是事实吗？不，进步是一种幻觉，也可以说是一种"魔幻"。感觉上像是真实的，而且围绕着拉丁美洲人民的日常生活，本质上却是虚幻的。

　　就像铁路，在某个意义上真的铺设了，但换另一个角度看，铁路几乎和当地人没有任何直接的关系，它虚幻地存在，火车虚幻地通过。铁路、火车什么时候变得真实？只有在将众多被屠杀的受害者尸体运走时，火车才和马孔多的居民有了直接连带关系——悲哀伤痛的关系。

　　然而，尸体被火车运走了，大屠杀也就等于没有发生过。没有人承认，没有人能够主张真的有大屠杀这么回事。真实发生的事转而变成了虚幻、无从证明的记忆，成了魔幻。现实与魔幻不断彼此穿插，彼此互换，彼此辩证交缠。表面上看起来魔幻的，被强力刻意否认；不被接受不被承认的，反而才是真的。只有将真实与魔幻两者同时呈现，显示其交缠辩证关系，才能够碰触到这样一个记忆被控制、真实被反复改造的社会，探索其内在的荒谬性，以及荒谬性内涵的意义。这是"魔幻写实主义"的社会背景来源。

最荒谬的情境、最荒谬的时代，需要能够探入荒谬性深渊的手段才能诉说。"魔幻写实主义"绝对不是文学上的游戏，绝对不只是一种文学的技法而已，并不是说将真的写成假的，将假的写成真的，让真的好像假的，假的好像真的，就是"魔幻写实主义"。前面就强调过了：拉美的"魔幻写实"不同于魔幻文学或奇幻文学，"魔幻写实主义"是非常入世的一个社会意识运动的产物，我们应该把它放入和"依附理论""解放神学"联动的历史脉络中来理解，感受到其中的沉重与艰难，那是拉丁美洲的特殊命运、特殊痛苦逼着他们去找出来的一条路。

他们一直在找，这是一个漫长的探索过程，当然不可能像我解释的那么整齐——从"解放神学"到"依附理论"再到"魔幻写实"，我解释的是它们之间的逻辑关系。事实上历史的发展不会照着这样的顺序来，中间有很多交错、旁支、歧路，乃至于冲突矛盾。不过将这三波思潮结合在一起的原因明确且真实——一个饱受剥削欺压、悲伤而无助的社会，不只被压迫，而且被取消了如何去记录被压迫、被欺负事实的基本意识与基本工具。

《百年孤独》不是要写自由党和保守党如何打内战，

而是要写出内战里对立的敌人,其实都是假的,真正的敌人不是和你打仗的那股力量,真正的敌人隐藏在你找不到的地方,小说书写要拨开这些假的名目、幻象,暴露出真正的敌人。

这三波思潮还要探索给予人民信心与力量的方法,在暴露、批判敌人的同时,告诉大家:"我们不是无助的,不是一点办法都没有。有巨大的力量在我们背后。""解放神学"指出:耶稣基督是站在人民这边的,他自己就是一个革命者,他对抗罗马就像拉美人民对抗美国。"依附理论"提出了一套明确的经济计算,让大家知道,穷不是因为努力不够,生活困苦不是宿命,而是来自买办经济、依附发展的不幸结果。不要去羡慕那些有钱的买办,而是要致力于摆脱这样的依附性经济结构。

这些观念加在一起,创造了那二三十年间拉丁美洲对人类文明的特殊贡献。用我的老友陈传兴教授的话说,他们创造了一套"想象秩序",想象出人类社会的新秩序,并且规划了对应这组新秩序的各个不同环节。拉丁美洲的人民并没有因为这三大思想巨潮而得到彻底的解脱,但这三大思想巨潮所建构的"想象秩序",却得以外销到其他地方,改变了更多人对于文明秩序的价值选择。

28.

　　《百年孤独》全书读完后，你会发现这本书似乎是另外一本书或另外一部手稿的抄写（transcription）。在全书最后，第六代的奥雷里亚诺生出一个长猪尾巴的小孩，猪尾巴的小孩被蚂蚁抬走了。小说真正的终结，不是布恩迪亚家族的完全断灭，而是奥雷里亚诺突然之间意识到：所有这些事情早已写在吉卜赛人留下来的遗稿里。他去将遗稿找了出来，发现遗稿里写满了这个家族一百年来的所有经过，他解读了遗稿之后，不只是布恩迪亚家族不会再重来了，连马孔多也随而消逝，仿佛从来不曾存在过。

　　这是小说本身内在的"文本后设性"，这样的写法唤出了另一个巨大的课题——西方基督教神学的命定论。基督教教义中的上帝无所不能、无所不知、无所不在，如果真是这样，那也就意味着上帝随时可以介入改变所有的事情。在这种情况下，人活着的意义是什么？我们所做的任何事情绝对不可能超越上帝允许我们，甚至设计要我们去做的。在绝对、极端的上帝信仰底下，每一个人的生命脚本都是上帝写好的，那么我们的自我、我们的自由、我们的选择，都是假的？

《百年孤独》结局中出现的遗稿，里面记载了："家族的第一个人被捆在树上"——那是老布恩迪亚——"最后一个人正被蚂蚁吃掉"。也就是说，布恩迪亚家族的开头和结尾，在还没有发生前，就都记在遗稿里了。

小说记载了布恩迪亚家族一百年来所发生的事情，最后自己揭露所写的内容其实早就已经在遗稿中以预言形式存在了。但是，在小说展开的过程中，翻开任何一页，里面都没有一点明示或暗示：这些人不是出于自主意识做这些事的。那他们的自主意识是什么？加西亚·马尔克斯在这里玩了一个让人不得不思索命运与自由关系的把戏——《百年孤独》记录的这一百年，这六代布恩迪亚家族的人，发生在他们身上的事，都已经事先被命定地写在吉卜赛人的神秘遗稿里了。

什么时候我们会知道自己的命运？只有当一切都结束的时候，我们才会知道命运，才知道命运如何操弄我们。预言是真实的，在这里面的所有人都被无法摆脱、无法抗拒的命运控制了，也是真实的，正因为你不可能事先知道遗稿里给你安排了什么样的结果。第六代的奥雷里亚诺是解读出遗稿内容的人，他的自然冲动是赶紧看看自己的命运是什么，自己的结局如何。但小说最后一页的最后一段是："他再次跳读去寻索自己死亡的日期和情形，但没等看到最后一行便已明白自己不会再走出这房间。"他想要预先知道自己的结局是什么，可是知道了也没有用，因为遗稿里的预言，连他会看到遗稿知道预言这件事都预言了——"因为可以预料这座镜子之城——或蜃景之城——将在奥雷里亚诺·巴比伦全部译出羊皮卷之时被飓风抹去，从世人记忆中根除，羊皮卷上所载一切自永远至永远不会再重复，因为注定经受百年孤独的家族不会有第二次机会在大地上出现。"

就连奥雷里亚诺破解遗稿，从遗稿中读出家族命定的一切，也都是命定的。命定的事只有在事情已经发生了，才会对人揭示，人无从借由预言了解下一步该怎么做。人知道了预言，就会想要用自由意志来改变不自由、命定的事，如果改变了，预言就不准确了，也就不再是彰示命运的预言了。唯有当预言的内容不可能被任何人预先看到时，预言才能如同上帝意旨、上帝计划一般无所不在地控制我们。什么时候我们会看到预言，并立即明白那是预言？——当一切都已结束，回头一看，发现早在一切还没有发生前，过程与结局已经被写好了。

让我们这样问：既然如此，预言的存在或不存在，有何差别？预言存在，但是当事情尚未发生前，我不会知道预言，也就没有机会去改变预言所预测的结果，那么有或没有这个预言，不就没有任何差别吗？

比如说一个恋爱中的人，会多么焦虑地想知道恋情的未来。假使真的有未来的预言，写好在庙的签诗里，说：三月十九日，两人将在电影院门口，因为看了一场电影大吵一架，吵得不可开交，从此再也不见面。要是在三月十九日之前，这个人得知了这个预言，那么他一定会试图改变那预示的结果，打死他也不会在那天去看电影的。这就是为什么我们要去庙里求签、解命，想先知道预定的结局，这样我们有机会可以介入改变结局。

但是这样做，也就使得预言不再准确，使预言被推翻了。加西亚·马尔克斯在《百年孤独》里揭露的，不是这样的预言、这样的命运。他讲的是，一定要过了三月十九日，电影院前面致命的吵架发生过了，然后才会有人跟他说："啊，早在一月八日，就曾经在一张签诗中看到了暗示，现在想想，那应该就是在讲你的爱情结局吧！"

"你为什么不早讲？"听到这话，换作是你也会如此激动、愤怒吧。但你没有想到：如果早讲了，预言就不会是预言了。

《百年孤独》到最后其实是在考验我们对生命是什么、命运是什么的抉择。有没有那份遗稿的存在，意义上有何差别？如果没有这份遗稿，或奥雷里亚诺没有解读出其中的预言内容，会减损《百年孤独》中记录这一家族百年间发生的事情的意义吗？从某个角度看：不管奥雷里亚诺后来有没有破解遗稿内容，这百年间发生的事就是发生了，它也只能如此发生。但换另一个角度看，多了这份预言式的遗稿将所有的叙述包裹起来，产生的第一个作用是：让这本书不再只是一个故事、一段记录，甚至不只是一部小说，一部长篇的萨迦。它成了一个预言，成了一本命运之书。它不是在描述、记载实际上布恩迪亚家族发生过什么事，而是在记载一个超越的、巨大的力量决定了布恩迪亚家族应该发生什么事，布恩迪亚家族遵从预言谕示中的要求规定，一一将其展现成为事实。

　　还有另外一项作用，那就是抬出了一个超越性的力量，在人的遭遇与人的生存之上，有一股巨大的力量在操弄着。人往往以为自己所遭遇到的事情源于自己的决定，但这种想象中的自由意志其实是虚假的。为什么要在小说中创造这种作用，把叙述改成预言，让上帝或甚至是比上帝更大的东西凌驾其上？一个重要的原因在于：加西亚·马尔克斯主观上要将这本书写成一个关于拉丁美洲历史的隐喻。

最早读到《百年孤独》的拉丁美洲读者之所以被加西亚·马尔克斯感动，就在于他勇敢地碰触了他们内在的集体疑惑：为什么无论他们如何努力，拉丁美洲国家的历史好像都在绕圈圈？加西亚·马尔克斯不只是用时间的主题、时间的循环写法来凸显拉丁美洲人民这种无奈的感受，他最后还给他们强烈的一击——那就认命吧，因为我们的历史背后，早已有一个文本写好在那里，我们不过是照着这已被写好的预言，反复重演写好的剧本。

所以人是什么？至少活在拉丁美洲的人的意义是：你感觉到自己在和周遭环境搏斗，你感觉到自己在这过程中有输有赢，一时革命起来，一时革命被压制了，一时自由党执政，一时换成保守党执政，然而这一切终究都是假的。唯一真实的是遗稿中早已写定的预言，那个更巨大的、控制所有人命运的力量。

《百年孤独》这本书为什么立刻在拉丁美洲成了畅销书？因为它以一种勇敢且复杂的方式，表达了原本就在拉丁美洲读者心头不断回荡的悲观怀疑：老是觉得好像没有什么坚实的根基可供站立，所有的变化、所有的努力，都是表面的浮浪，总有力量要把人与事拉回到似乎已经看过，甚至已经经历过的一个点上，取消所有曾经做过的，以原本就存在的状态作为结局。

《百年孤独》是一本悲观之书，极度悲观的书，加西亚·马尔克斯的勇气就在于讲出了拉丁美洲人民依回怀疑，但不愿讲、不敢讲、不知该怎么讲的话。加西亚·马尔克斯用小说讲了："这是本来就写成的脚本，上帝就是在折磨我们，我们的一切，我们的一生、我们的痛苦、我们的奋斗，都不过是上帝对我们开的一连串玩笑。"《百年孤独》借由布恩迪亚家族六代、一百年的故事，展示给拉丁美洲的读者看："没错，就是这么回事。真的就是早被写定了，我们没有任何的机会，也没有任何其他可能性。"没有比这个更悲观、更绝望的态度了。

29.

以悲观的态度回头读《百年孤独》，我们会在小说里挖掘出许多令人触目惊心的现象。例如我们突然之间了解了布恩迪亚家族六代，一代又一代发生的奇特事迹，内在有一个神秘不可解但几乎不曾改变的模式，那就是只要爱情来了，只要男人和女人在一起，只要人开始繁殖下一代，文明就遭殃。

书中最后一百页，写了另一个阿玛兰妲的故事。这是少数重复出现的女性名字。这个阿玛兰妲从欧洲受教育归来，嫁了一个有钱的老公，他们竟然回到马孔多，将欧洲文明的秩序、习惯一起带回这里。然后她先生加斯通就老是在等待，永远等着飞机——另外一项西方现代文明的象征——被运送到马孔多，可是无论如何就是有各种差错阻止了飞机到来，加斯通只好一直等下去。

阿玛兰妲要把欧洲文明移植到马孔多，这就使得她很有当年伊瓜兰的味道，我们会以为伊瓜兰的角色将要传递给随她命名的这个第五代女人的身上，幻想着阿玛兰妲会着手重建布恩迪亚家族，由她来维系其秩序，构造起一个新的文明。阿玛兰妲很坚毅，而且很勤劳，但就是一直有一股巨大的破坏力量在旁勾引她离开这条道路。那是她的外甥奥雷里亚诺，他们两人因为世系的复杂错乱而总是搞不清楚彼此的亲属关系。终究到了这样的情景出现："从第一次欢爱的那天下午起……"那个"第一次欢爱"被加西亚·马尔克斯写得真恐怖，像一部无声的暴力片，奥雷里亚诺侵犯了他的姨妈，他弄不清楚这个女人是自己的姨妈，而阿玛兰姐的先生就在隔壁，所以她不能发出任何的声音，安安静静的、沉默无声的激情与暴力流荡。第一次偷情之后，"奥雷里亚诺和阿玛兰姐·乌尔苏拉一直在利用她丈夫难得的疏忽冒着风险幽会，紧张地避免发出响动，却几乎总被她丈夫无从预料的返家打断。然而一旦有机会在家中独处，他们便彻底沉浸在迟来的爱情狂潮中。那是一种癫狂失常的激情，令费尔南达的骨骸在墓中惊恐地颤抖，令双方耽溺于持久不衰的亢奋中"。

　　我们在书中看到太多这种男女情爱，尤其是激烈的性行为、繁殖的冲动等与欲望密切相关的事。几乎毫无例外，随着激情的、激烈的交媾与繁殖的欲望而来的，必定是腐蚀与败坏。所以接下来我们读到："在意乱神迷间，她看见蚂蚁横扫花园，受远古的饥饿驱使啃食家中的一切木制品获得餍足，看见有生命的岩浆洪流再次席卷长廊，却只是在卧室里发现敌踪时才去费心抵挡。"然后是："短短时间内他们造成了比蚁灾更大的破坏：客厅里的家具四分五裂，曾经承载奥雷里亚诺·布恩迪亚上校军旅生涯中哀伤情爱的吊床被疯狂撕裂，床垫的芯子被剖出洒满地板，扬起满屋飞絮几令人窒息……"阿玛兰姐变了，原先她是秩序的代表，要在马孔多重建新的秩序，然而被繁殖的冲动和热情挑激之后，她摇身一变，变成了另外一个废墟的制造者。

巨大的命定预言当中，闪耀着这个恒常的模式。以马孔多作为拉丁美洲的缩影与隐喻，这里的人受到诅咒——繁殖本身，就带来毁灭。繁殖与毁灭永远携手并进。在别的文明脉络下，繁殖、热情、欲望是创造文明最重要的力量，但在马孔多，在拉丁美洲，繁殖、热情、欲望却带来一切的破坏。欲望的被满足、欲望的完成就开始塑造废墟。到底为什么这个家族会这样？这个家族有几乎用不完的性与欲望的精神、精力，但除了不断创造出混乱、无法安排的下一代之外，每一次欲望的爆发、欲望的被满足，都带来破坏的结果。只有少数，而且往往是已经没有欲望的人，才勉强努力继续维持着马孔多，以及由马孔多所象征的拉丁美洲颓败中的秩序。

欲望本身，繁衍下一代的动机，本来是人一直不断存在的根本，可是在这本小说里，在加西亚·马尔克斯透过这本书所显现的拉丁美洲文明视野中，却成了破坏文明的最重要因素。回头看，伊瓜兰为什么那么重要？因为她从小说一开始，就是个没有欲望的人，她几乎是整部小说当中，唯一没有被繁殖欲望横扫的人。她虽然和老布恩迪亚生了小孩，但在欲望上保持冷静，所以才能维持这个家，保留一点秩序。

　　将小说读到最后，读完了，回头再看之前遇到过、感受过、讨论过的角色，又会发现新的意义。再看一次老的阿玛兰妲，前面讲过：她是个害怕自身热情欲望的人。读完小说我们发现，她竟然至死都保留了处女之身。尽管经历了那么多被她自己拒绝的爱情，那最狂热的爱情，可她拒绝欲望、害怕欲望、害怕繁殖，因而她成为伊瓜兰之外，另一股维持这个家族秩序的力量。其他每一个角色都是破坏者，每一次繁殖的欲望、冲动一起，世界就垮了一角，只有靠这两个女人，伊瓜兰和阿玛兰妲，勉强去把它补起来。然后又燃起一个新的欲望，砰，又把这个世界撞歪了。繁殖的欲望与冲动变成诅咒，这显示在书中，是加西亚·马尔克斯对拉丁美洲历史的一番诠释，呈现了一种奇特的视野、奇特的观点。

30.

　　《百年孤独》中出现的所有角色，原来都被一个庞大的预言所掌握。他们不是没有挣扎过，每一个人都曾经进行过不同形式的挣扎，只不过到了小说结尾处，好像他们所有的挣扎都是徒劳，命中注定只能够被自己无法控制的繁殖欲望带着，一步一步创造废墟，或是一步一步去将废墟召唤出来。这样的书，写出了拉丁美洲读者内在的无奈与悲观。

不过，这本小说不只是要传递一种悲观的想法而已，更不是要人们读了书之后叹一大口气得到结论："反正都是注定的，那做什么都一样，都没有用的。"

不是，不完全是。为什么不是？因为这本书绕了一大圈之后，留下一组矛盾的尾巴。让我们将书的结束处再读一次："这座镜子之城——或蜃景之城——将在奥雷里亚诺·巴比伦全部译出羊皮卷之时被飓风抹去，从世人记忆中根除，羊皮卷上所载一切自永远至永远不会再重复，因为注定经受百年孤独的家族不会有第二次机会在大地上出现。"

这一句话多么悲观，也多么残酷，是对马孔多以及马孔多所象征的拉丁美洲的一个硬心肠的宣判。宣判拉丁美洲的历史是不断的毁灭，这种不断制造毁灭的荒谬性质无法见存于这个世界。这一百年，拉美从革命独立一直到加西亚·马尔克斯写作《百年孤独》的这一百年，示范了一种人类的不可能性（impossibility）与不合理性（absurdity）。人类的不可能性在这里上演成一出巨大的荒谬闹剧，这个闹剧只能有一个结局，就是让它从此完全消失——太荒谬、太暴力、太无意义，所以应该完全消失，不要继续危害这个世界。

这最后的句子，显示加西亚·马尔克斯认定：这一百年的拉丁美洲历史是一段不值得，也不可以继续存留的经验，是一段充满残酷、残暴、荒谬、狂乱的人类经验。让它从此在地球上完完全全消失，对人类来说会好一点。也就是说，上帝的正确决定应该是照着遗稿预言所说的，不只让马孔多在这个世界上消失，将拉丁美洲这百年历史完全抹平，甚至让关于这百年的记忆都灭除。没有了这些人民，没有这些经验，没有这些记忆，那么我们对人的理解会不一样。除去了拉丁美洲历史中展现的人的残暴和荒谬，我们就可以对人有多一点的信心、高一点的评价。

但也就在让马孔多的经验与意义永远消散这件事上，存在着最大的矛盾。预言说："这座镜子之城——或蜃景之城……被飓风抹去，从世人记忆中根除，羊皮卷上所载一切自永远至永远不会再重复，因为注定经受百年孤独的家族不会有第二次机会在大地上出现。"错！大错特错。这个记忆不会消失。为什么？因为有了《百年孤独》这本书。依照遗稿原来的预言，没有人会知道这件事情。开头是马孔多由老布恩迪亚带着二十六个人开垦，被如同虚幻的布恩迪亚家族建立起来。结尾则是在奥雷里亚诺的眼前，一阵风吹过，再也没有人知道这里存在过马孔多这个城镇。没有人知道从老布恩迪亚直到奥雷里亚诺这六代人所发生的事情，这一百年的事情不会在任何地方被记起，也不会在任何地方重演。这就意味着：不会有人在已经消失的马孔多以外的地方，再重新认识这段历程。

如果遗稿真的是这样写，马孔多消失，一切就消失了。可是《百年孤独》这部小说，留下了百年的记忆，成了唯一破坏了预言、让预言没有彻底实现的元素。从这里面我们看到了加西亚·马尔克斯作为一个作者，他不可能真正那么悲观、那么悲愤。作为一个作者，他必然有违背预言内在逻辑、去破坏预言却保留记忆的道理，也必然有悲观、悲愤以外的其他心情。

31.

　　《百年孤独》逼迫我们反思"命定论"。理性与科学已经将宗教，尤其是小传统的民俗信仰，逼挤到现代人意识与生活的偏僻角落，加西亚·马尔克斯却要我们重新理解这种看似充满低阶迷信的东西。

　　十九世纪西方的主流意识是"进步史观"，同时也信仰、崇拜英雄。十九世纪相信大人物，相信革命的英雄、科学的英雄、理性的英雄、启蒙的英雄，相信这些英雄解救了世界。这些英雄是先锋（vanguard），走在最前面，硬拖着老旧、保守、荒败的世界往前走，走向光明，走向进步。显示这种价值精神最主要的一部代表作是卡莱尔的《英雄与英雄崇拜》，它具体展现了十九世纪乐观精神底层的基础。

　　十九世纪的西方凭什么那么乐观，相信明天会比今天好，后天会比明天好？他们难道看不到，在自己的生命里，在自己的社会，在自己的周遭，仍然有许多黑暗的东西，仍然有许多不进步的，甚至是恐怖的、痛苦的现象吗？他们当然看到了，然而他们可以从科学知识的快速发展投射出去，并相信：今天我们不能解决的事，只是因为科学知识还没发展到那个程度，别急，别忙，给科学一点点时间，它总会找出方法来。

还有另一个重要的乐观来源则在于：他们相信改造世界、让世界进步的力量，来自少数个人带来的巨大影响——只需要少数几个人，思想界、科学界、政治界、经济产业界的巨人，靠他们的贡献、他们的成就，就能够让半个社会，乃至半个世界翻天覆地，瞬间改变。

到了二十世纪，人们为什么不再像十九世纪那么乐观？因为二十世纪关于群众的思考，压倒了原本的"英雄观"。十九世纪的人看到巴黎和伦敦的赌徒、妓女、肮脏的街道、恶臭的河流，他们不会悲观，因为他们相信只要几个英雄出现，就可以改变这一切。他们不会觉得需要等到眼前的这个乞丐有一天能够算出一百八十五加三百四十六等于多少。他们认为不需要对这些人有所期待。

想想看，要让所有的人都听懂贝多芬，有可能吗？你把自己认识的人，一个个在脑中回想一遍："有一天这个人会听懂贝多芬，可能吗？"用这种方式想，你必然是悲观的。因为你是从一个个人的角度去想象这个社会、这个世界会如何产生变化。你脑中带着清楚的二十世纪概念——社会就是由这些人，你认识的一个个人所构筑成的。那些每天在招待所里喝酒喝到凌晨三点半的人会听得懂贝多芬？不可能的！

十九世纪的人不是这样看、这样想的。他们想的是：诞生了一个贝多芬，他的音乐就会改变这个世界。不用理会现在这些听不懂贝多芬音乐的人，他们不重要，在英雄之后，他们总是会被改造的。如果要期待每一个人听懂贝多芬，你不会觉得有希望；但如果只是要等待一个大明星、大英雄出现，你会觉得很有机会。这正是"英雄崇拜"的好处。

从十九世纪走入二十世纪，最巨大的改变之一，就是"英雄"概念的改变。第一次世界大战之后，欧洲开始怀疑英雄，怀疑英雄崇拜的有效性。由此人们对世界产生了很不一样的理解。

新的理解让西方知识、思想的视野，在角度上愈来愈低，在范围上愈来愈广。二十世纪的历史学和十九世纪的历史学之间，存在着截然的断裂。十九世纪的历史学基本上是一种人物史学，甚至就是英雄史学——记录了所有了不起的个人、英雄所做的事情，就能了解历史是如何变动的。十九世纪史学的核心一定是政治史、军事史，因为政治、军事上的大英雄决定了一切。没有拿破仑，就没有所有后来发生的事。没有和拿破仑对立的梅特涅，就没有后来保守势力的复辟。感觉上历史就是由这几个少数的大人物所决定的。不过英雄史观、大人物史观有其需要的配套条件、相应气氛，到了二十世纪，这些条件与气氛一样一样幻灭，一样一样消失了。

二十世纪慢慢兴起了新的历史学概念，可以拿法国的年鉴学派作为代表来说明。年鉴学派的几个主要人物，如布洛赫、费夫贺以及后来的布罗代尔，他们研究的领域，都是前现代的历史。

布洛赫的研究专长是中世纪封建历史。中世纪封建历史在十九世纪之前的史学中甚至是不成立的。封建社会被视为"黑暗时期"，从公元五世纪的后半叶直到十四世纪，有将近一千年的时间。就算后来将"文艺复兴时期"的脉动往前推，推到十二世纪，也还有八百年的"黑暗时期"。"黑暗时期"没有历史可言，就是教会统治一切，所有人都没有知识，在封闭的结构底下，千日如一日，千年如一年。那就没有什么历史好讲。

布洛赫的贡献在于重新理解什么叫作"封建社会"，什么是封建秩序，在这一过程中发现了一种新的历史。过去的人不重视中世纪的历史，认为中世纪几百年时间都没有改变，没有出现任何英雄来创造、推动改变。布洛赫却发现，中世纪并不是如同想象中那样完全不变，在这七八百年间，封建秩序其实有过许多转变。这些转变怎么来的？既然中世纪没有英雄，封建秩序的改变只能来自非英雄们。布洛赫在他的几本重要著作中分析了一般人，即非英雄的大部分人，他们之间的彼此互动，塑造了改变的力量。他更进一步地探索：在没有英雄、大人物带领下，这些人的日常活动凭什么能推动历史改变？他找到了几个重要的变动元素，例如财产继承制。人都会死，人死了之后财产交给谁、怎么交？任何一种财产继承制，一代代实行下去，都必然会累积变化的动力。

　　一种方式是"长子继承制"，只把财产留给众多小孩中的一个；另外一种是"诸子均分制"，不管有几个小孩，不一定要每个人都分得一样多，但每个都分到。两种方法看起来很简单，但都有连带的问题。若采取"长子继承制"，那其他儿子怎么办？他们就得自己去想办法，因为无法继承财产，必须找出另一种身份，创造另一种位置。如果"诸子均分"，每一个人都分得到，那么每一个人就都只能分到中间的一小块，所以每个都比爸爸穷，愈往下细分，后代就愈穷。后一代不会照样维持前一代的结构，制度看起来一样，但执行制度的结果却会带来变化。完全不牵涉英雄、大人物，社会还是会改变。

再举个例子看技术突破带来的变化。假想牛车的轮子原来八寸大，因为揉木头技术的改变，或是因为懂得了在轮子外面箍一圈铁片，变成一尺大。那么牛车能走的距离连带增加了，于是生产与交换的范围就相应扩大了，传递技术的管道也连带改变了。本来因为我的牛车车轮走不远，到得了的范围就那么大，五十里以外的地方发生什么事情，我永远不会知道。牛车的轮子变大了，五十里外有人发明了一种新的水车用来磨麦子，本来我不会知道的，现在就变得有机会传入我所在的村落，让我们也能用水车来磨麦子了。

再例如，布洛赫还和费夫贺一起架构起对地理变化的探索。地理从来不变吗？地理变得可多了。一场巨大的雪崩就可以彻底改变一个城镇，一场大雷雨就可能毁掉一个庄园一年的收成。庄园的人如果要活下去，势必要迁走，不然就得改变原有的生产方法。

布洛赫他们因为研究中世纪历史，不可能继续相信人类历史的变化源自少数英雄人物，而是认为除英雄以外，有更根本的变化力量。这群法国历史学家的新态度，接着就从法国逐渐蔓延到其他地方。

他们感染了英国的一群左翼史学家，这些英国的历史学家原本学马克思主义，就试着将马克思主义的想法和年鉴学派的历史研究态度结合在一起，进一步主张：不只是从中世纪到现代前期大人物没有扮演什么了不起的角色，即使到了十八世纪，大人物都不是真正推动历史的力量。真正推动历史的力量，马克思早就说了，是阶级和阶级斗争。现在他们可以用年鉴学派的史学方法论，一方面扩增阶级斗争以外的集体变量，另一方面以此细腻地去分析不同阶级的集体力量究竟如何推动了历史改变。

像汤普森[1]，他信奉马克思主义，却是以马克思主义作为历史研究的动力，而不是当成教条、标准答案。马克思和恩格斯在《共产党宣言》里明白讲了历史阶段，人类会从资本主义时代走入社会主义时代，然后再走到共产主义。资本主义是一个终究要被打倒的时期，但为什么要打倒资本主义？资本主义有多坏、怎么坏？汤普森不以马克思《资本论》的理论为满足，而是从史料上进行整理。在资本

1　汤普森（E. P. Thompson，1924—1993），英国著名历史学家、作家、和平活动家，著有《英国工人阶级的形成》等。

主义兴起之前，有没有工人阶级？资本主义又如何重新破坏、改造了原来的英国工人阶级？他要用史料来证明：资本主义介入、摧毁了原来的工匠技艺（craftsmanship）、工匠阶级或工匠生活，他们的理想和风俗习惯都被破坏了。他要用史料来证明：在资本主义发展之前，英国的工人过着一种在文化上、在意识上更丰富的生活。

这里跃动着新的知识倾向，要将关心人类事务的视角向下调整，从少数的英雄、政治人物、上层阶级身上拉开，去观察、去尊重群众，尊重群众所塑造的，过去一度被视为落后、破烂、不值得保留的庶民文化（folk-culture）。

《百年孤独》出版前后，西方已经进行着这样的巨大改变，正在重新认识"小传统"。"小传统"本来是人类学术语，最早由雷德菲尔德[1]提出，后来被很多不同学科援用。文化中有"大传统"和"小传统"。"大传统"是显性的文化，是经过正式知识权力渠道整理的文化内容。每一个社会都会有其主流的、被认可的、被视为比较高等的文

1　雷德菲尔德（Robert Redfield, 1897—1958），美国人类学家、社会学家，曾在《农民社会与文化》一书中提出"大传统"与"小传统"概念，用以解释复杂社会中两种不同的文化传统。

化。这一种文化比较容易被记录、传承下来，成为教育的主要内涵。过去我们看历史或观察文化时，往往就只观察这条轴线上的"大传统"。然而，一个社会不会只有"大传统"。与"大传统"同时并存，经常与之发生复杂互动关系的，还有一种被"大传统"压抑、鄙视，进而排挤、消灭的"小传统"。"小传统"被"大传统"视为不入流，却是大部分人生活赖以进行下去的真实价值与信念所在。

以前我们只看"大传统"，只看有头有脸的人，看他们的生活、他们的所思所想，如此一来，我们所认识的历史、文化，就不会是全面的，而且往往还会是扭曲的。如何摆脱"大传统"建构的刻板印象，重新去认识一个时代，重新去认识一个社会？这就成了二十世纪下半叶的思想动力。从五十年代后期一直到八九十年代，西方知识界在这个力量的驱使之下，累积了许多丰厚的成就。

32.

从这个背景脉络来看《百年孤独》，又有另外一层意义。西方的"大传统"从十八世纪以来，是科学与理性化的传统，在二三百年之中，有一条标准告诉我们什么是好的文化，什么是坏的文化，什么值得被记录、保留，什么应该被淘汰。这个标准的核心在于：逻辑实证可以解释范围内的才是对的，才是好的。那种不能够被证明、不能被理性检验的，都是迟早应该被淘汰的东西。这是一个强悍的"大传统"标准、一个"大传统"霸权。

《百年孤独》从头到尾建立在一个科学无法证明，甚至是科学无法置喙的预言上，以及一堆没有办法在现实中被检验的记录上。可是当我们透过加西亚·马尔克斯之笔看到这些记录、这些生命时，却无法否认：这是真实的生命。它不是写实的，却是现实的、真实的生命。所以加西亚·马尔克斯和那些强调重新认识"小传统"的人站在一起，对我们进行提醒，甚至警告：被西方理性、科学主流排斥，认为没有价值的东西，真的就没有价值吗？或许这些事物在理性角度上没有价值，可是对于大部分人的生命却是有意义的。我们该如何看待这种意义？例如，相信这个世界不是由科学因果律控制，而是由一个更高的、超越的命运所决定，这个概念当然和科学抵触，但它却伏藏在绝大部分人的生命根源处，是他们赖以理解什么是时间、什么是人、什么是生命的真正依据。

在今天这个世界上的七十多亿人口中，或许有十亿人宣称自己相信，并真能理解科学理性与逻辑因果；相对地，百分之八十以上的人，以不同程度、不同方式，活在非科学的信念中。面对这样的事实，我们可以有一种态度——我仍然认为这是一种合理的态度——站在科学这一边，主张科学与其他非科学知识处于不同的位阶上，科学比其他的都高；主张人一旦真正理解了科学，就会放弃非科学的其他知识信仰。然而我们还是必须严肃地看待别人的质疑：这样的科学理性信念真的如此牢靠吗？这么多人赖以生存的、以生命保存着的非科学"小传统"真的就没有意义，只不过是人类走向全面科学时代过程中注定要被淘汰的糟粕吗？

每一个社会，尤其是愈现代的社会，都必定有一个逃躲不掉的需求——如何安排众多人的共同生活？为什么科学理性到后来会变成最巨大的霸权？因为要让众多的人共同生活，科学理性的安排是最方便的。简单举例，要把每一个人的时间整合起来，让大家可以不混乱地在七点半一起来上课，就需要一定的理性安排。科学理性靠着社会需求的支撑，所以会很庞大，然后从本身的庞大结构中产生许多其他的东西，例如改造、占用其他文化内容的一套机制。所以我们最常看到的，就是原本"小传统"中的东西，被科学纳入解释范围，就予以改造、收编了。

我只有小小的愿望，期待稍微抑制一下科学理性巨大的统合冲动，不要将我们每一个人的时间，将我们的感受与想法，全都统合了。不要忽略这巨大的统合冲动，因为如果每个人行为、想法、感受都一样，社会生活就很好安排，甚至也许我们每一个人都会因此过得舒服，我们真的变成一个个齿轮，被别人带着走，不需要自己费脑筋了。但我还是相信这是应该被抗拒的。为什么要读文学？为什么必须去读在人类历史发展中发挥过影响的这些重要著作？因为这些著作提供了可以冲击统一社会视野的重要资源，凭借这些资源，我们得以一直提醒自己：我一定要这样想，我一定要这样感受吗？

加西亚·马尔克斯用他的小说，让我们不敢轻易地断言非科学的生活信仰都是没有意义的胡说八道。如果只是没有意义的胡说八道，那么顶多读到第三十页，你就应该会将《百年孤独》丢开了。这本书及其非理性内容的价值可以直接由阅读效果证明，尽管读者没有办法用清楚明晰的逻辑因果关系、科学理性，去解释小说里面到底讲了什么，但不可被科学理性解释的内容却让人感动。

《百年孤独》至少点出了一件事：存在于"小传统"里的许许多多信念，是有效的，即使对我们这些已经活在强大科学理性传统中的人而言，也是有效的。怎么个有效法，它到底触动了我们内心的什么部分？它挑起的疑惑，让我们不得不承认：有一种和现在一般被认定为最基本的科学理性完全不同的人的情感文化存在，这些人的情感文化藏在被科学理性逼到黑暗角落的一些"小传统"的信仰生活中。我们要不要去和这些潜藏的人类经验，进行某种情感对话？加西亚·马尔克斯在召唤你，邀请你。

如果从这个角度看，那么《百年孤独》又不是一本悲观的书了。这本书自有其非常正面的地方，所以很少有人读完后心情是低郁的。它并不像陀思妥耶夫斯基的《地下室手记》或加缪的《局外人》那么阴暗，让人愈读心情愈沉重。《百年孤独》让人读着读着，感到有趣。

在形式上，这是一本悲观的书，它对拉丁美洲的读者说：你们不要再痴心妄想以为命运会有什么改变。然而实质朝向悲观结论的过程中，它却塑造了一种对预言、超越力量信仰，以及民俗"小传统"的尊重，呈现了这些东西具备生命实存价值的一面。这种信念中，自有其迫诱我们应该予以尊敬的力量。或许说不清楚，也不需要说清楚，从这种信念出发去看世界的眼光中，有幽微的感受会打动我们。正因为我们被打动了，自然就不能轻忽它，就不能不尊重它，否则不就等于轻忽、不尊重自己的感情吗？

如果你被这本小说打动了，你知道它不是以写实的方式而是用充满非理性信仰的细节打动你的，你就必须尊重自己被打动、被感动的事实，并从这个事实出发，去尊重藏在这里面那些神秘、说不清楚，也只有不说清楚才能维持其力量的东西。如此就帮我们开了一条路，找到一种不断去搜寻、试验、探索的方式。

以《百年孤独》为开端，你可以回头去读富恩特斯，去读略萨，看看这些不同的魔幻写实作品有哪一些会吸引你，又有哪一些与你无缘，无法激起你的情感呼应。借由《百年孤独》带入，我们开始尝试，试到后来或许就找到了那神秘的成分，虽然你还是一样讲不清楚，但你心里明白：自己内在对某一种不能够明白地诉说的人间经验、宇宙现象，是有感应的。重点在于一种生命感应的可能性。

科学理性是霸道的，会一直不断扩张，试图占满生命的全幅。科学理性扩张的过程当中，其实会留下很多的空洞，只是现代人遇到这些空洞时，往往缺乏其他资源来予以填补。

科学理性的基本模式，是提供唯一真确的标准答案。但人的生命中，必定有不能由标准答案来满足的部分。然而现在，在科学理性无法提供标准答案的领域，当这样的空洞浮现时，我们却往往有着制约反应——到别的地方去找标准答案，譬如算命、占星学、宗教，这些都是"标准答案式"的，要在这里面找到科学理性提供不了的标准答案。

　　像《百年孤独》这样杰出的文学作品，最高的价值就在：它是抗拒标准答案的。好的文学作品一直在测探，甚至在挑动、在开发你内在不能且不应该由标准答案来满足的那些部分。一个信奉基督教三十年的教徒，可能在读了《百年孤独》，接触了"解放神学"后，突然有一天，重读《圣经》时发现：《圣经》怎么如此"魔幻写实"呢？这就对了。这就表示文学已经改造你经验文本与经验现实世界的方式，让你不再以"标准答案式"的眼光看待《圣经》。多少年来多少人努力要将《圣经》诠释为一套标准答案：这句话是什么意思、这件事代表什么、耶稣基督为什么这么讲，好像都是固定的。但文学让我们重新去怀疑，重新看见所有答案中不确定的性质，看见写实中伴随的魔幻性，以及所有魔幻现象中的写实性。有一天，改由文学经验带来的"文学之眼",将过去视为宗教真理答案的《圣经》读成"魔幻写实",岂不过瘾?

不只《圣经》看起来很"魔幻写实",很多事情、很多现象,都可以在《百年孤独》的光晕感染下,显现其"魔幻写实"的一面。

33.

加西亚·马尔克斯建构他的"魔幻写实"时,尽可能使用简洁的语言,愈是夸张的情节,愈是少用形容词;另外,愈是夸张的现象,愈是深入描写其细节,因为细节是让人相信事物存在的重要手段。为什么《哈利·波特》那么迷人?为什么《魔戒》那么迷人?因为它们在建构其实并不存在的时空时,想尽办法将那个时空中的种种想象细节铺陈开来。每一个人都听过巫婆骑扫帚的故事,但我们知道的就是巫婆会骑扫帚在空中飞,然而《哈利·波特》却告诉我们:骑扫帚原来还要练习,像我们骑脚踏车一样,学习过程搞不好会跌倒,就算学会了,也有的人骑得快一点，有的人骑不了那么快，有的人技术好，有的人技术差一点。我们知道的，就不只是"啊，这些人通通骑扫帚"而已。关于骑扫帚的细节，引领我们进入那个情境，感觉到在他们中间分享了他们的经验，让我们变成巫术的一部分。

《百年孤独》是加西亚·马尔克斯费了十年工夫才写成的，这时间花得有道理，最后完成的书稿，几乎没有loose ends。什么叫作 loose ends？就是这里提到了谁，后来没交代就让他消失了；那里讲了一件什么事情，没头没尾或有头没尾，不晓得这件事干吗出现在小说里。小说写这么长，有这么多人物，你们能找到没交代的地方有多少？我自己阅读中印象最深刻的疑惑，是伊瓜兰去找儿子的那一段。她儿子跟着马戏班走了，为了找儿子，结果她发现了一条路。小说中没有解释，在那过程中伊瓜兰到底经历了什么，又为什么能找到那条路。不过这是极少数的例外。许多细微的情节与人物安排，加西亚·马尔克斯都在小说中找到方法把它们绑回来，牢牢绑起来。我们应该从这个角度去欣赏，一个小说家面对自己所虚构出的世界时，如此严格谨慎，不会因为那是虚构的，就觉得自己高兴怎样摆弄就怎样摆弄。能够对这个虚构的世界作出愈完密的交代，就愈能够说服读者跟随走进这世界里，这是一种"虚构的纪律"。加西亚·马尔克斯虚构的想象如此天马行空，但伴随的自我纪律要求却又如此严格细密。